SHODENSHA SHINSHO

インの誤解

いま求められている「定番」をつくる仕組み

野 学
川 淳　鈴木啓太　米津雄介

祥伝社新書

はじめに

街を歩けばたくさんの店が立ち並び、さまざまな商品が溢《あふ》れています。必要なものはインターネットで検索して、家にいながらにしていつでも購入できます。

しかし、最近、絶対にこれ、と思える「本当に欲しいもの」に出会ったことはあるでしょうか？　なんとなく流行《はや》りにつられて買ったもの、とりあえず安いから買ったもの。いつのまにかぼくたちの周りは、そういったもので埋め尽くされていないでしょうか。

モノが足りない時代には、生活必需品をどんどんつくることが求められました。それがある程度満たされると、今度はテクノロジーの進化で、より高い機能を持った製品が売れるようになりました。高度経済成長期から一九八〇年代までのことでしょうか。それも一段落してしまうと、技術力だけでは勝負できない時代がやってきました。アピールしやすい、劇的な性能の進化が難しくなってきたからです。

それでも、各メーカーは毎年、新商品を出さなければなりません。目新しい技術の変化がないとすれば、細部の工夫をしていくしかない。こうして、見かけを派手にしたり、本来の用途とは関係ない機能を付けるなど、分かりやすい「差別化」を図《はか》る傾向が強まっていきました。「デザイン」というものへの誤解が、この状況に拍車をかけています。

けれども、こうした「差別化」は、必ずしもよいモノを生むわけではありません。そうすることでむしろ、人々が本当に欲しいものがなくなってしまう。そんな皮肉な状況が生まれていったのではないかと、ぼくは考えています。

ぼくはクリエイティブディレクターという仕事をしています。ブランドづくりから商品企画、デザイン、コンサルティングまでトータルディレクションをする仕事です。

デザインに携《たずさ》わる仕事柄、モノのセレクトについて相談を受けることがあります。たとえば「家具をそろえたいんだけど、ダイニングチェアって何を選んだらいい？大型家具店にもいろいろ売っているし、有名デザイナーのつくった椅子《いす》もたくさん見たんだけど、何を決め手にして選んだらいいか分からないんだよね」。

これだけモノがありながら、いや、あるからこそ、何かを買いたいときに、何を選んだらいいのか分からない。そんな状況が、現代なのです。

ぼく自身、「万年筆を買いたい」と思ったときに、何を選んだらいいのか分からず途方に暮れたことがあります。店員さんに相談しても、「お客さまのお好み次第ですから……」。もちろん、好み次第であるのはその通りなのですが、そのときぼくは、「万年筆といえば、これ」という定番商品、いうなれば〝基準（スタンダード）〟を知りたかったのです。

世の中にインパクトを与えるヒット商品には、一世を風靡《ふうび》した流行の品、後のプロダクトに影響を与える革新的な品、さりげなく日常に存在している定番の品などがあります。どれがよいと言えるものではありませんが、次々登場する新商品を買っては捨てる消費サイクルに疲れはじめた現代人にとって、「本当に欲しいもの」とは、ずっと愛せて飽《あ》きの来ない「定番」に、より近いものであると言えるかもしれません。

けれども、「本当に欲しい」と思える「定番」的な商品は、実は世の中にあまり存在していないのではないだろうか？　ならば、自分たちでつくってしまおう。そんな思いで立ち上げたのが、「ＴＨＥ（ザ）」というブランドです。

家で飲み物を飲むグラスの定番とは何かを考えてつくった「THE GLASS」を皮切りに、オリジナル商品を企画・開発し、店舗の運営も行なっています。

「THE」は、クリエイティブディレクターであり good design company の代表も務めるぼくがトータルディレクションの役割、中川政七商店《なかがわまさしち》の中川淳《じゅん》がプロジェクトマネジメント、PRODUCT DESIGN CENTER の鈴木啓太《すずきけいた》がプロダクトデザイン、そしてプロダクトマネジメントを社長の米津雄介《よねつゆうすけ》が担《にな》うというかたちで、この四人が中心メンバーとなり会社を共同経営しています。

デザイナーがつくったブランドというと、「何となく〝おしゃれ〟なイメージの雑貨をいくつかつくって、それらが〝おしゃれ〟なイメージのショップに置かれているんでしょう」、といったイメージを持たれるかもしれません。

ぼくたちが目指すのは、そういう姿ではありません。

自分たちが本当に欲しいと思えるような、長く愛される「定番商品」をつくりだし、自分たちのお店からそれらを発信してお客様に届けたい。そして最終的には、世の中の定番と呼ばれるモノの「基準値」を引き上げていきたい。そう考えています。

ですからぼくたちの商品開発はいつも、「ＴＨＥ」＝「定番」とは何か、という問いから始まります。四人のメンバーそれぞれが、自分の専門分野の知識を総動員して、「なんでこういう商品はないんだろう」「この分野の定番と呼べるものは、どういうものだろう」といったことを、徹底的に議論することから生まれたのが、「ＴＨＥ」の商品たちなのです。

本書では、そうした「ＴＨＥ」のプロジェクトを通してぼくたちが考えた、「定番を生み出すために必要なこと」を紹介していきます。長く愛され、長く売れ続けるモノに隠された秘密は何なのか。心から欲しいと思ってもらえるモノを生み出していくには、どんな発想が必要なのか。デザインの正しい使い方とはどんなものか。ぼくたち四人の奮闘記が、これからの時代のものづくりを読み解くうえで何らかの一助になれたら幸いです。

二〇一六年一月

水野　学

目次

第2章　世界を変えた定番商品　（水野　学）

第3章　定番の条件　（水野　学）

第4章　定番の「形」はどのようにして生まれるか　（鈴木啓太）

第6章 定番を生み出すデザインマネジメント（中川 淳）

カバーデザイン　グッドデザインカンパニー

第1章　「定番」が求められる時代

（水野　学）

本当に欲しいものがなくなってしまった

「はじめに」でも述べたように、ぼくは、現代の日本は、本当に欲しいものが見つかりにくくなってしまったと感じています。

一九八〇年代までは、ものづくりの世界はテクノロジーが優先されていました。しかし一九九〇年代以降は、「差別化」という言葉に重きが置かれるようになりました。テクノロジーが、ある一定水準を満たすようになっていったからです。

たとえば洗濯機。洗浄から脱水へと手動で入れ替える必要があった二槽《そう》式洗濯機が、全自動洗濯機になると、みんながそちらを選びました。その後、乾燥機能も付いた製品が発売されましたが、こちらは誰もが必要としている機能ではないので、いまでも店頭に行けば両方が並んでいます。いずれにしても、こうした分かりやすい機能の進化は、技術が成熟するにつれ、次第に起こりづらくなってきました。

けれども、新商品発表のサイクルは、変わらず年一回（業界によってはそれ以上）のペースでやってきます。

すると、何が起こるか。

企業は新商品を出すために、既存製品とは違う特徴を、テクノロジー以外の点でも、工夫するようになっていきます。製品の本質的な機能とは関係のない表層的な工夫、と言い換えてもいいかもしれません。これが「差別化」戦略です。

カラーバリエーションを増やしてみる。通知ライトの色を二四色の中から選べるようにする。アラーム音を複数から選べるようにする。ボタンではなくタッチパネルにして操作性の良さを謳《うた》う……。

あわただしい開発サイクルの中で、技術・機能の面で大きな進化がないのであれば、本質的な用途とは関係ない機能を付加していくのは当然の流れでした。それ以外に、他社製品や、過去の自社製品との差別化を図《はか》ることが難しいからです。

二〇〇〇年代になると劇的な技術革新は、一層起こりづらくなっていきます。当然、「差別化」戦略も、さらに加速していきます。こうして、特に家電などにおいては、本質的な機能は大差ないけれど、メーカーごとにいろいろな機能が詰まっている、そんな製品が溢れるようになっていきました。

そして二〇一〇年代になった現在、ぼくたちは、自分が本当に欲しいものが何なのか、分からないような状況に陥《おちい》ってしまっています。

洗濯機の例でいえば、ぼくがいま量販店に行ったとして、どの商品を買えばいいかひどく悩むだろうと思います。きれいに洗って脱水までしてくれるという、洗濯機としての基本性能は、いまやどの製品も完璧に満たしていることでしょう。

しかしそれ以外の特徴はといえば、各メーカーが謳う機能がそれぞれ異なり、でも微妙に似たことも言っていて、違いが分かりづらい……。どの洗濯機を買えば「間違いがない」のか、その基準となるところが分からないため、決め手に欠けるのです。結局、とりあえず機能が多いとか、値段が安いとか、たまたまその店員さんが薦《すす》めたとか、口コミサイトでランキング上位だったとか、そんな漠然《ばくぜん》とした理由で買うことになるわけです。

けれども、それは、ぼくが本当に欲しかった洗濯機でしょうか?

もしかしたら、たくさん搭載された機能の半分は、次に買い換えるまで一度も使わずに終わるかもしれません。

ドーナツの穴――機能面で劣《おと》っていても売れる不思議

二〇〇八年、ｉＰｈｏｎｅの登場は、世界に衝撃を与えました。

パソコンのウェブページが閲覧でき、ＰＣメールまで使える携帯電話。間違いなく、大きな技術革新のはじまりでした。そのシンプルで美しい外見とあいまって、ｉＰｈｏｎｅ登場のニュースは世界を駆け巡りました。

その後、各メーカーからさまざまなスマートフォンが発売され、スマートフォン市場は大きく成長しました。いまでは、世界的なシェアではＡｎｄｒｏｉｄ携帯のほうが上回っています。けれども日本においては、ｉＰｈｏｎｅとＡｎｄｒｏｉｄ携帯のシェアは拮抗《きっこう》しています。

ｉＰｈｏｎｅが売れた理由自体は、さまざまに語り尽くされているので、いまここで語る必要もないでしょう。ただ、日本の携帯市場を見てみると、面白いことに気付きます。

日本のメーカーがつくるＡｎｄｒｏｉｄ携帯の大半は、優《すぐ》れたスペックを有しています。ガラケーから受け継いだ日本独自のおサイフケータイはもちろん使えるし、ワンセグやフルセグでテレビも観られる。防水機能だって備えています。

片やｉＰｈｏｎｅは、おサイフケータイは使えません。ワンセグは観られないし、防水機能もない。これらの点だけ見れば、他社スマホはもとより、過去のガラケーより劣っているとすら言えます。

それでも、シェアは拮抗している。

足りない機能があってもなお、ｉＰｈｏｎｅのほうを選びたいと思い続けている人が、半数もいるのです。

理由はさまざまでしょう。ｉＯＳの操作性やＵＩの気持ちよさが好き。シンプルでそぎ落とされた本体デザインが好き。アップルの企業としての姿勢やブランドが好き……。

いずれにしても、ｉＰｈｏｎｅは、「機能で他製品に劣っている点があるとしても『本当に欲しい』」と、多くの人に思わせる商品だったということです。「ｉＰｈｏｎｅを水没させちゃった！」とＳＮＳに悲鳴を投稿したとしても、彼らはまた、懲《こ》りずに新しいｉＰｈｏｎｅを買いにいくのです。

事実、ぼく自身もそうです。ぼくはおサイフケータイのへビーユーザーで、それのない生活など考えられないと思っていました。けれども、ガラケーからスマホに移行する際、迷わずｉＰｈｏｎｅを選びました。

「不要と判断した機能はそぎ落とし、本当に必要と思う点には徹底的にこだわり抜く」。アップル製品は往々にして、このようなスタイルでつくられます。その背景には、スティーブ・ジョブズの慧眼《けいがん》や、たゆまぬ企業努力、長年培《つちか》ってきた圧倒的なブランド力があり、ｉＰｈｏｎｅの成功は、単純化して語れるものではありません。

けれども、ｉＰｈｏｎｅが、「機能面では欠けていたのに圧倒的な支持を得た」という事実には、これからのものづくりを考えるうえでとても大きなヒントが隠されていると、ぼくは感じます。

機能面では各社横並び。だから、本質的な機能とは関係のない、周辺部分の工夫で独自性を探る。そんな「差別化」競争を繰り返していくうちに、市場には、「本当に欲しいと思ってもらえる、ど真ん中の製品」がなくなっていってしまったのではないでしょうか。

ぼくは、そんな現状を、「市場のドーナッ化」と呼んでいます。

本来、いちばん美味しいところはドーナッの真ん中、穴の部分。でもそこがスコンと抜け落ちて、周辺を飾り立てることに追われてしまう……。では、そのドーナッの穴に当たるものは何なのか。このドーナッの穴を消費者に食べてもらうために必要なことは何だろうか。

そう考えていった先にあったのが、ぼくたちが「ＴＨＥ」というブランドで実現しようとしている、「定番をつくる」という考え方でした。

価値観の変容と消費傾向の変化

「ノームコア（Normcore）」という言葉を、ご存じでしょうか。ここ数年ニューヨークのファッショントレンドの一つとして語られるようになった概念です。もともとは、二〇一三年にニューヨークのトレンド予測グループ「Ｋ－ＨＯＬＥ」が発表した造語。「ノーマル」と「ハードコア」を掛け合わせたこの言葉は、日本語だと「究極の普通」と訳されることが多いようです。

なんてことのないジーンズにシンプルなセーターを合わせ、足元はカジュアルなスニーカー。そんな、流行を追うこととは対極にあるような、ベーシックで、平凡で、何でもない定番ファッションをする人たちが増えている現象を指します。

こうした動きは、日本でも定着しつつあります。

一九八〇～九〇年代の日本は、バブル時代の影響もあって、ファッションも派手なものが流行しました。ソバージュやボディコン、肩パットの入った派手なスーツ。若い世代だとルーズソックスや厚底ブーツ、やまんばメイクなど、記憶にある方もいらっしゃるでしょう。

しかし、ここ一〇年くらいを振り返ってみると、あまり奇抜なファッションが流行った印象はありません。どちらかというと、さりげないシンプルなおしゃれを楽しむ人が増えました。

文明が発達すると、文化が花開きます。この花開いた文化が爛熟《らんじゅく》すると、その揺り戻しがくる。現在は、まさにその過程にあるのかもしれません。

そして、その傾向を後押ししたのが、歴史に残るいくつかの出来事だったとぼくは思っています。

アメリカでいえば、二〇〇八年のサブプライム危機。もともと、特にニューヨークなど都市部ではオーガニックなものへの関心が高かったのですが、サブプライム危機以降、都市部の消費傾向が大きく変わってきたと言います。

ニューヨーク在住のジャーナリスト・佐久間裕美子《さくまゆみこ》さんは、自身の著作『ヒップな生活革命』（朝日出版社）の中で、アメリカに起きた価値観の変化をつぶさに拾い上げ、分析しています。

生産者との関係を大事にするサードウェーブコーヒーの台頭。「エースホテル」を筆頭とした、文化が集まる場としてのホテル。食材や調理の工程にこだわった生産者たちが集まる食のフリーマーケット。ニューヨークで急激に増えている屋上農園。

近郊の農家から新鮮な食材を取り寄せ、旬の自然な美味しさを引き立てる料理で人気のニューヨークのレストラン「マーロウ&サンズ」は、牛をまるごと一頭購入し、ムダのないよう残った皮で靴やバッグまでつくっているそうです。ここのトートバッグは、決して安くはない。けれども買うことで、このお店が目指す「ムダを出さない、責任ある食べ方」に少し参加することができるとあって、支持を得ているそうです。

ぼく自身も、実際に佐久間さんに案内していただきながらニューヨークをまわってみましたが、以前とは明らかに空気が変わっているのを、肌で感じました。

二〇〇一年に起きた同時多発テロをニューヨークで体験した友人は、生きることの意味を考えるようになったと言っていました。もっと、一日一日を大切に、丁寧に生きたい。身の回りには、愛《いと》おしいと思えるものだけを置きたい。そんな流れが生まれていた中に起きたサブプライム危機で、人々の価値観が、大幅にシフトしたのでしょう。

日本では、一九九〇年代初頭にバブルが崩壊。その後、「失われた二〇年」とされる経済停滞期が続きました。

先に述べたように、技術の進歩は頭打ちになり、多くのメーカーが差別化競争に苦慮、それでもかつてのような売上げが出ない。そんな混沌《こんとん》とした時代の最中に、二〇一一年、東日本大震災が起きます。

体験したことのない大きな揺れと、見たこともない光景。あの日ぼくは、すべてを飲み込みながらテレビ画面の中を這《は》い進む黒い津波をなすすべもなく見つめ、親族や友人の安否をただ祈ることしかできませんでした。そして、その後の混乱。被災者の方や、ご家族を失った方の悲しみを思うと、いまも、言葉が見つかりません。

おそらくあのとき、多くの日本人の価値観が、大きく変わったはずです。

そして実際、その後の消費傾向は、変わっていきました。

ぼくはクリエイティブディレクターとして、複数のブランドのブランディングに関わらせていただいています。3・11のあと、大半の企業は、売上げを大きく落としました。ですがクライアントの中には、直後からほとんど影響を受けなかった企業もありました。その差は何だったか。ぼくは、一言でいえば、「本物かどうか」だったと感じています。

ある日突然、抗《あらが》いようもない力によって、人生が奪われてしまうかもしれない。だとしたら今日を、一体どのように生きるべきか。そう思ったとき、多くの人にとって、次々に買っては捨てる大量生産、大量消費のサイクルは、色あせて見えるようになったのだと思います。

いつか終わりのある人生なら、身の回りにあるものは、愛着を持てるものだけにしよう。本当に欲しいものは、多少高くてもちゃんとお金をかけたい。そして長く大切にしよう。でも消耗品《しょうもう》は、安くていいや……。吟味《ぎんみ》したうえでモノを購入する傾向が強まり、お金のかけどころにも強弱が生まれました。不要と判断されると、どんなに値引きしても売れない。でも上質なものは、むしろちょっと高いくらいのほうが売れる。そんな現象があちこちで見られるようになりました。

では、「本当に欲しいと思えるもの」とは何なのか。使いやすくて、品質がよくて、丁寧につくられていて、壊れにくくて、飽きがこなくて、長く愛着を持てて……。そして、このキーワードが、次第に注目を浴びるようになっていきました。

「定番」

実際、雑誌などではたびたび、「定番服カタログ」「定番雑貨一〇〇選」といった、「定番品」をテーマにした特集を見かけるようになりました。

また、とある家電メーカーの方から、こんな話をうかがったこともあります。

「毎年、微修正を加えて新商品を出すんですが、この市場はもう飽和していて、たいして売れるわけではないんです。本当は、この商品開発サイクルをやめたいんですよね。いま持っている技術に自信はあるので、しっかりとプロダクトデザインにこだわったものをつくって、あとは数年間、長く同じものを売り続けられるといいんですけどね」

考えてみれば当然のことです。ある電化製品について、毎年新しいモデルをつくらなければならないとすると、その開発や宣伝、営業などに掛かる費用は莫大《ばくだい》です。メーカーの中にも、「長く愛される商品」をつくって売り続けたいと考える人たちが出てきたのでしょう。それは、とりもなおさず「定番商品」をつくりたい、ということです。

デザイン=装飾、という勘違い

次第に求められるようになってきた、「定番品」。しかし、定番というと概して、

「昔から長く使われているもの」と同義に捉《とら》えられがちです。

確かに、定番と称されるようになるには、それと認められていくまでの時間が必要な場合も多いでしょう。ですが、新商品がほどなくして定番品化していくケースもあります。

では、長く愛され定番となる商品を新たに開発していこうと考えたとき、何を意識すればいいのか。

ぼくの専門分野であるデザインの側面から考える場合、そもそもデザインとは何なのか、という前提を、整理しておいたほうがいいように思います。

デザインには、「機能デザイン」と「装飾デザイン」の二種類があると、ぼくは考えています。

しかし昨今は、「デザイン」という言葉が独り歩きしてしまい、多くの人たちがデザインを、単に飾り立てることと同じような意味に捉えてしまっていると感じます。不要な装飾によって生まれた奇抜なものや、派手で目立つものがデザインだと思われてしまっているのです。

たとえば、洋服で一番肝心なことは、腕や脚を動かしやすいとか、暑かったらすぐに脱げるといった機能性です。この部分をデザインするのが「機能デザイン」です。一方の「装飾デザイン」というのは、色や形、模様など、文字通り装飾的なデザインを指します。

ただし、両方を兼ねている場合もあります。セントジェームスやオーシバルに代表されるバスクシャツ（ボーダーシャツ）の縞《しま》模様は、本来、それを着ていた漁師や海兵たちが海に落ちた際に目立つようにするためのものでした。

技術が進歩するにしたがって、必要不可欠な機能デザインは、だんだんと満たされてきます。すると、新しい商品をつくるためには、目を引く色や柄、奇抜な形といった装飾デザインで差別化を図ることがメインになっていきます。

機能デザインが満たされると、商品はコモディティ化していきます。つまり、一般消費財として定着していくのです。すると、次の段階として差別化、差異性を求めていく。そのため、そこに装飾を施《ほどこ》していくようになります。

こうしたことが積み重なった結果、デザインという言葉のイメージは、装飾すること、というニュアンスで解釈されてきました。多くの人にとって、デザインとは「おしゃれに飾り立てること」になり、デザイン、イコール「装飾デザイン」と認識されるようになっていったのです。

ぼくは決して、装飾的なデザインがダメだと言いたいわけではありません。

機能デザインがいくら素晴らしくても、人が不快に感じるような色合わせだったら、その製品は受け容れてもらえないでしょう。人の感覚は繊細ですから、表面の仕上げが丁寧かどうかといった細部も、敏感に感じ取られてしまいます。装飾デザインの役割は、極めて重要です。

また、引き算も、ある意味では装飾デザインです。日本的な感覚として「引き算の美」というものがあります。ブルーノ・タウトがモダニズム建築の観点から桂離宮《かつらりきゅう》を絶賛したように、昔から日本では、シンプルな美しさが好まれました。

たとえば、一九八〇年に始まった無印良品では、「簡素は時に豪華を凌駕《りょうが》する」という考えのもとで商品がつくられました。極力デザインを削ぎ落とす、というデザインを積み重ねていった結果、世界各国で愛されるブランドに成長しています。

ただ、たとえば「デザイナーズ住宅」と呼ばれる賃貸マンションを覗《のぞ》いてみると、首をかしげたくなるような物件に出会うことがあります。真っ白な床にコンクリート打ちっ放しの壁、そしてちょっと変わった形の窓。一見シンプルで引き算された内装に見えて、実は、条件の悪い物件をおしゃれにすることで難点を隠そうとしているものもあったりするからです。こういう物件は、実際には住みづらいはずです。

何が違うかといえば、「最初に機能デザインが満たされているかどうか」、です。

ぼくは、何かをデザインするときには、基本性能として、機能デザインを満たすことが必須条件だと考えています。

そのうえで、装飾デザインを考えていく。

機能デザインと装飾デザインの両方が満たされてこそ、本当のデザインだと思うのです。

それを装飾だけだと捉えてしまうと、偏ったものが生まれてしまいます。当然、長く愛される定番商品にもなり得ないでしょう。世の中に求められている機能を実現するものをつくることは、定番を生み出すうえで大きなポイントだと思っています。

「ものづくり信仰」の弊害

ただし注意していただきたいのは、機能というのは必ずしも、数値的な性能のことだけを指すわけではないということ。

日本のものづくりの大きな欠点の一つは、数値で評価できるものに目が向きがちなことです。「いいものをつくる」という言葉の「いい」が指すものが、スペックに寄りがちなところがあるのです。

日本の自動車の広告を見ていると、「燃費がよく、リッター三〇キロ」とか「収納スペースが広い」といった宣伝文句が目立ちます。分かりやすい技術や機能の精度を主眼に置いているため、技術性能の良さ（もちろんそれも重要ですが）はアピールできるけれど、それ以外の魅力が伝わりづらい例が多く見受けられます。

確かに、「この車の運転席は、なんだか座り心地がいい」といった曖昧《あいまい》な感覚は、数値化できないため、解析が難しい情報です。

しかし、人間は実はそんなに簡単にできていません。「十段階で調節できる」をウりにしても、人間の感覚は十段階どころか、数百段階ぐらい捉えられたりできるのです。分かりやすい機能の指標だけを求めてしまうと、余白がなくなってしまいます。

以前、対談させていただいた生物学者の福岡伸一《ふくおかしんいち》さんは、遊びや余りがあるということは実はすごく豊かなのだ、とおっしゃっていました。

たとえば、生活するだけであれば、必要以上に広い家は要りません。飛行機のファーストクラスも、広さや機内食のレベルはともかく、エコノミークラスでも移動はできます。しかし、広さは一種の豊かさです。遊びは人を豊かにします。遊べるということは、人間の特殊な才能の一つであり、そこに優雅さとか余裕とか美しさといったものを求めているように思います。

燃費などの性能や維持費だけを考えると、外車よりも日本車のほうが優れていますが、富裕層の多くが外車に流れてしまっているのは、こうした日本車の遊びのなさにも起因しているのかもしれません。

また、素晴らしい技術力で世界に名を轟《とどろ》かせてきた日本企業は、技術力に対する思い入れが強すぎるあまり、「いいものをつくっていれば売れる」という信仰心がいまだ解けないでいます。いわゆる「ものづくり信仰」です。

世界レベルで見れば、この信仰心はすでに陳腐化しています。いいものをつくるのは当たり前。そのうえで、技術以外の存在価値やブランド価値を丁寧に追っています。だからこそ、アップル製品のようなものが生まれたりするのです。しかし日本企業には、「誠実にものづくりをしていれば、無口でもお客様は分かってくれる」という、昔ながらの職人気質な文化があり、損をしているように感じます。

一方で、ネット系企業に目を移してみると、日本企業で世界的に成功している事例は非常に稀《まれ》です。グーグルやフェイスブック、ツイッターなど、主要な企業は、ほとんどがアメリカ。その理由は何かといえば、言語だけでなく、デザインの壁が大きかったのではないかとぼくは見ています。技術力そのものというより、構造やUIがどれだけ使いやすく、生活に馴染《なじ》むかという面です。装飾デザインの領域も含まれる話ですが、この分野は、日本企業にはまだ開拓の余地があるということだと思います。

機能、技術面では日本は世界に遅れをとっているわけではないにもかかわらず、いろいろなものが世界中の国から押されてしまっている。日本のものづくりは、「いいもの」の意味を、早急に軌道修正していくべきだと感じています。

モノを選ぶときの基準値になる製品

若きスティーブ・ジョブズが、がらんとした何もない部屋に座っている。みなさんは、こんな写真をご覧になったことがあるでしょうか？　自宅の家具にもこだわっていたジョブズは、どの洗濯機を買うかというだけで二週間も家族で話し合った、という逸話も残しています。

尊敬するジョブズほどのこだわりではありませんが、ぼく自身も昔から、ものを買う前に、かなりじっくり検討するたちではありました。

たとえば、グラス。世の中にはこれほどさまざまなグラスが溢れているのに、欲しいと思えるものがない。ようやくこれはと思えたグラスは、いずれ割れてしまうことも想定して、一人暮らしなのに一〇個以上まとめ買いしました。キーホルダーも、いつも悩みの種。なかなか気に入るものがなくて、結局、ただのリングに鍵をひっかけて、キーホルダー代わりにしていました。

単に偏屈な人間といってしまえばそれまでですが（笑）、そんなぼくは、世の中のいろいろなモノに対して、疑問を感じることがよくありました。

この家電は、なぜここにカーブをつけたんだろう。操作しやすいようにと配慮したのは分かるけれど、別に平らでも問題ないのに。

このカップは、なぜ持ち手がこんなに小さいんだろう。もう少し大きければ持ちやすいのに。

洗濯洗剤。ドラッグストアの店頭で目立たせるために、特徴を大きく書いた意図は、理解はできる。パッケージは、いわば広告スペースだから。でも、家に持ち帰ってきたあとは、「部屋干しでも臭わない！」って情報はいらない。部屋に置いておきたくなるような洗剤が欲しいなあ。

赤ちゃん用のベビーバスって、どうして動物の柄《がら》が描かれたようなものばかりなんだろう。ここの邪魔なでっぱりは、なくてもいいのに。ベビー服も、くまちゃんやわんちゃんの柄ばかりじゃなく、もっとシックなものを着せたい親だってたくさんいるはずなんだけどなあ。

先に述べた、定番品を求める時代の流れを待つまでもなく、ずっと、もやもやと疑問を感じていたのです。

そんな状況に対し、新たな提案をしようと、ぼくと「中川政七商店」の中川淳さん、「PRODUCT DESIGN CENTER」の鈴木啓太さんの三人で始めたのが、「THE」というプロジェクトです。

たとえば、ジーンズの定番といえば、「リーバイス501」。では、シャツの定番は？ ペンは？ グラスは？ ノートは？ そんなふうに、さまざまなジャンルにおける「これこそはTHE○○だ」と呼べる商品を開発したり、セレクトしたりするブランドです。二〇一二年三月に会社を設立し、翌年三月には、東京駅前の商業施設「KITTE」内に直営店「THE SHOP」を出しました。

何かを買おうとするたび、あまりにも多くの、それも似通った選択肢がありすぎて、迷ってしまう。それが現代です。モノは溢れているけれど、その分野の基準となるものが見つけづらいからです。

「THE SHOP」では、一アイテムにつき、置いてあるのは一商品だけ。キッチンペーパーが欲しいと思ったらこれ。ヘアブラシを買いたいと思ったらこれ。自信を持ってお薦めできる一商品だけが置いてあるのが、このお店の特徴です（サイズや色展開は用意してあります）。

通常、言葉の意味を調べるときには、誰しも辞書をひくと思います。それは、辞書に載っている言葉の意味が、日本人の標準的な、「ゼロポイント（基準値）」となる解釈だから。基準点が分かっているからこそ、独自の解釈を加えて、意外な場面であえて意外な言葉を発しジョークを言う楽しみ方もできるわけです。

でも、モノを買おうとするときには、そういう基準値がありません。

「はじめに」でも書いたように、万年筆のことを何も知らない人が初めて万年筆を買おうとするとき、まず知りたいのは、「THE万年筆」とも言うべき、基準となる定番商品はどれか、ということのはずです。基準となる定番品が分かるからこそ、それよりも安いものにしようとか、それよりも太めのものにしようといった判断を加えていくことができる。でも、定番が分からないまま自分の好みで選べと言われても、何を選んでいいのか分かりません。

たいていのお店では、好み次第と言われてしまうので、ぼくは「このなかでいちばん歴史が古いものは？」「文豪が使っていたものは？」などと質問を重ねていきます。そうすれば答えが出てくるので、だんだんと定番が絞《しぼ》られていきます。

けれども、その絞り込み作業は時間がかかるので、いつでも容易にできるわけではありません。だからこそ、そういう「定番＝ゼロポイント」が分かる、辞書のようなブランドをつくりたいと考えたのです。

同時に、差別化戦略に翻弄《ほんろう》され、次々新商品が生まれては消える昨今の市場に、一石を投じたいという思いもありました。本当に必要な機能は、なんなのか。そこに施すべき適切な装飾デザインとは、どんなものなのか。自分たちで、それを整理してみたいと思ったのです。

何かを買おうとするときは、まずそこのお店に行く。「このカテゴリーなら、これ」という製品があらゆるジャンルでそろっていて、それを見れば、本当に自分が欲しいものが何なのかが見えてくる。そんなお店があったら、きっと便利なはずだと思いました。

百貨店、東急ハンズ、ドン・キホーテ……、そうした何でもそろっているお店とは対極にある、いわば「一貨店」とでも呼べるようなお店です。

「THE」が生まれたきっかけ

「THE」は、一つの出会いから生まれました。

東京ミッドタウンが毎年実施している「Tokyo Midtown Award」というデザインコンペがあります。ぼくは第一回目からずっと審査員を務めており、水野学賞という個人賞の権限を与えられています。

二〇〇八年の「Tokyo Midtown Award」で水野学賞に選んだのは、当時ＮＥＣに勤めていた鈴木啓太さんが出品した「富士山《ふじやま》グラス」でした。そこから二人の関係が始まりました。

富士山グラスはその名の通り、富士山の形をしたグラスで、ビールを注ぐと、泡の部分が冠雪した山頂のように見える商品です。ただの面白アイデア商品のように聞こえるかもしれませんが、鈴木さんが出した設計図は、細部まで徹底的に考え抜かれていました。飲み口の厚みやあたり具合、持ったときの手馴染みの良さなど、緻密《ちみつ》に計算されていたのです。

素晴らしいアイデアなのでぜひ商品化したほうがいいとアドバイスして、商品化の戦略やパッケージデザインを担当すると申し出ました。打ち合わせを繰り返し、最終的にぼくが、桐箱入り三七七六円（税抜）という、富士山の標高と同じ価格設定を決めました。このとき、周囲からは、高すぎるのではないかと心配の声も上がりました。でもぼくは、絶対にこの価格にして、代わりに商品のクオリティにこだわって丁寧に売るべきだと主張しました。後述しますが、どんな商品にも、「適切な価格」というものがあり、それを見極めることはとても大切です。

二〇一〇年一月に発売。と同時に、「富士山グラス」は瞬《また》く間《た》に売れはじめました。

そこで二〇一一年の前半に、富士山グラスに続く商品としてなにかアイデアはあるかと話し合いを持ちました。

その場で鈴木さんは、ぼくと似たようなことを言っていました。

「格好いいグラスも、面白いグラスも、世の中にはいっぱいあるんですけど、本当にいいなと思えるグラスって、なかなかないんですよね」

（そして鈴木さんも、キーホルダーとして、カラビナをそのまま使っていました。もう一人、偏屈な人を見つけた瞬間でした。笑）

「面白いグラスはもういらないから、普通のグラスがいちばん欲しいよね」。そんなふうに二人で意気投合して、ぼくは手元の紙に、『THE GLASS』とメモしました。これが、定番を提案するブランド「THE」の原点です。

その日のうちに鈴木さんから「『THE GLASS』ってこんなふうですかね？」とデザイン画が送られてきました。

そこには、世界中で知られているハンバーガーチェーンのドリンクカップのS、M、Lの大きさのグラスが描かれていました。大手ハンバーガーチェーンですから、誰にでもその大きさがすぐに思い浮かびます。

その並びを見て、あることに気付かされました。人は、飲み物を飲む前の時点で、無意識に飲みたい量を選んでいるのかもしれない。そうであれば、このグラスは複数

THE GLASS

のサイズ展開が必要だ。では、素材は何が適切なんだろう？

その後、コーヒーチェーン店のほうが現代にマッチしているのではと考え直し、ショート・トール・グランデの三種展開を決めました。これが現在も販売している「THE GLASS」です。こうして、「THE」が走りはじめました。

ブランド立ち上げと会社化

デザイナーが、こだわりのアイテムをいくつかつくり、国内外のセレクトショップに置いてもらう。そういう事例は、ときどき見かけます。

ぼくたちも普通に考えたら、このままグラスだけをつくって終わる可能性のほうが高かったわけですが、ぼくは、そうしたくはありませんでした。

繰り返し書いたように、現代は、付加的な要素で差別化を図った商品で溢れ、結果的に、基準となるような定番商品が分からない状況にあります。

ならば自分たちで、基準となる商品を生み出し、ゼロポイントを提示していこう。このプロジェクトを、ブランドとして立ち上げ、いろいろな商品を展開しよう。やるからには、会社として成立させ、きちんとした流通の仕組みに乗せよう。そう考えました。

「しっかりと売れて世の中に浸透しなければ、意味がない」と考えたのです。

そこでもう一人、この人にもぜひ仲間になってほしいと、ある人に声を掛けてみました。

もともと、ぼくのクライアントとしてお付き合いさせていただいていた、奈良の麻の老舗《しにせ》「中川政七商店」の十三代社長・中川淳さんです。経営者としての中川さんの才覚、信頼できる人柄は、十分に分かっていました。そしてこのプロジェクトには、中川さんの、経営のプロフェッショナルとしての視点がどうしても必要だと思ったのです。

中川さんは、だめなものはきちんと否定してくれる、だからこそ信頼のおける人です。突然もちかけた「THE」プロジェクトの話でしたが、この取り組みに、なにか光が見えたと言います。

中川さんが最初に言った言葉が、印象的でした。

「何の変哲もないもの、とらえどころのないものを普通はみんなつくらないし、消費者にどう売るかが難しい。卸《おろし》先の人たちもなかなか買ってくれない。だからすごく説明しなければならない。難しいはずのこのプロジェクトを、なぜいま自分が面白いと思っているのか、うまく説明できない。でも、きっと面白いことになる。一緒にやりましょう」

そうして、三人揃《そろ》って決起会を開いたのが二〇一一年十一月のことでした。

何度目かの打ち合わせのとき、中川さんが、販売や流通のプランを手書きのメモで持ってきてくれて、具体的な事業化が見えはじめました。

二〇一二年三月に、会社を設立。

二〇一二年十月には、事務用品メーカーでマーケティングや製品開発に携わっていた米津雄介さんが加わってくれ、現在の体制が整います。

そして二〇一三年三月、東京駅前の丸の内「KITTE」という商業施設内に、直営店「THE SHOP」をオープンしました。

定番商品を売るのは、なぜ難しいか

中川さんが言った「定番商品は売るのが難しい」という言葉。

要するに、売れない可能性が高いということです。

たとえ話で考えてみてください。ここに、似たような黒いサインペンが何本もあります。どれもメーカーは異なり、書き味や握りやすさも少しずつ違います。

まず、この中のどれなら定番商品と呼べるのか、その根拠を見つけるのが難しい。

仮に、いちばん売れている商品を定番と認定したとして、他の製品も似たような黒いサインペン。機能的な部分では、なかなか売り文句がつけづらいはずです。定番商品

を売ることの難しさは、ここにあります。

けれどもぼくには、きちんと伝えれば売れる、という確信がありました。ものづくり信仰の話でも触れたように、日本では、コツコツとものづくりをする誠実な姿勢が美徳とされます。それは逆にいえば、ものづくりへのこだわりに対し、敬意を払ってくれる土壌があるということ。つくる工程の努力やこだわりを丁寧に、的確に伝えれば、耳を傾けてくれる可能性が高いということでもあります。

加えて、ネットの普及により、まずリサーチしてから動く、という行動パターンが一般化しています。商品背景の説明文が多少長いくらいのほうが、むしろ面白がってもらえるだろう、という読みもありました。

コミュニケーション戦略は、広告やブランディングに長く携わってきたぼくの、得意分野です。ポイントをきちんと明示することで、消費者に魅力を届けることはできると思っていました。

かつて、とある山奥にある温泉宿のパンフレットをつくったことがあります。温泉宿以外、何もないところです。あるのは周囲の自然のみ。携帯電話の電波の入り具合もイマイチの、不便な場所です。

そこでぼくは、あえて「何もない」ということを前面に出しました。「すみません。何もありません。だからこそ来てみてください」と。その結果、お客様が続々と訪れてくれるようになりました。お客様は、何もない空間を魅力的だと感じ、あえて、体験しにきてくれたのです。

先ほどのサインペンなら、最も有名なのはぺんてるの製品です。文具店には必ず置いてあるとか、学校の先生が使っていた程度の知識しかなければ、あまり特別なものとは思えないかもしれません。しかし、このサインペンには実は、世界初の水性サインペンであるとか、アメリカのリンドン・ジョンソン大統領が気に入って使っていたとか、NASAの宇宙飛行士が使うペンに採用されたなど、歴史を物語るストーリーがあります。

こういった話を聞くと、ぺんてるのサインペンが、それまでとは違って見えてこないでしょうか？　商品の歴史を知ることで、気持ちの高揚《こうよう》のようなものを感じるはずです。

すべての商品に、こんな分かりやすいストーリーがあるわけではないのでは？　と思われるかもしれませんが、「THE SHOP」で仕入れることを決めた定番商品は、結果的にはどれも、面白い歴史や開発ストーリーを持っていました。ＴＨＥオリジナルの定番商品をつくっていく過程でも、たくさんの開発秘話が生まれました。トピックを見つけて伝えることが、重要なのです。

商品もないのに、お店をつくった

先ほども書いたように、ぼくたちは二〇一三年三月、東京駅の目の前にある商業施設「ＫＩＴＴＥ」に「THE SHOP」をオープンしました。

実は、お店を出すと決めた段階では、「ＴＨＥ」の商品はまだほとんど何もありませんでした。売るものがない状態で、店舗をつくると決めるなんて、無謀です。それでも、ぼくたちは、このブランドには絶対に実店舗が必要だと考えていました。

店舗を持つことが必要だと考えた経緯について、くわしくは第6章で中川さんが述べていますが、定番商品を売るためには、いま書いたように「商品についての説明」

がどうしても必要になってきます。その際には、お客さんとコミュニケーションのとれる実際の店舗が不可欠だと考えました。

また、どんなブランドなのかを説明するうえでも、実店舗はとても有効です。「定番をつくるブランド」と言葉だけで説明しても、どんな考え方でやっているのか、見えにくいところがあります。けれども、「THE」が思っている「定番」をお店という形で具体的に提示すれば、ブランドコンセプトは一目見ただけで分かってもらえるのです。

「KITTE」への出店は、まだ建設中に、中川さんが話を持ってきてくれたことがきっかけでした。「中川政七商店も入るし、場所としてもいいですよ」。

ぼくたちはそれまで、「THE SHOP」という店舗を出すにあたって、「THE」というコンセプトにいちばんふさわしい場所はどこかと悩んでいました。

おしゃれな雑貨店を目指すなら、青山とか代官山でしょう。単純に多くの人に来てもらうためなら、新宿や渋谷などのターミナル駅に近いところを選んだほうがよいかもしれません。

けれども、東京駅という場所を提案してもらえたとき、「ＴＨＥ」の初めてのお店として、これ以上の場所はないと思いました。東京都に出店するのであれば、都内の駅の中で「ＴＨＥ駅」は、東京駅以外にないからです。

言葉遊びのような話ですが、この考え方は、ブランドのコンセプトを考えるうえで重要です。

コンセプトとは、皆が共有しておくべき地図のようなものです。「ＴＨＥ」のコンセプトは「定番」であり「ＴＨＥ」です。何か迷ったときは常に、この地図を見返せばいいのです。出店先を決めるときも、内装を考えるときも、店舗スタッフの服装を考えるときも、常に、「定番」「ＴＨＥ」を基準に考えていく。あらゆる答えを導くための軸が、コンセプトです。

そのような経緯で「ＫＩＴＴＥ」への出店プレゼンに臨んだのは、二〇一一年の年の瀬のことでした。ですが、三菱《みつびし》地所《じしょ》の担当の方からはいまだに、「この会社の人たち、商品が何もできていない段階で『お店やります』と言いにきた」と、いじられます。

当日持っていったものは、「ＴＨＥ」というブランドを説明する企画書と、「THE GLASS」の模型三つのみ。たったこれだけを持っていって、プレゼンを始めました。完成している製品は、一つもありませんでした。

「世の中には数多くの商品が溢れています。必要に迫られて何かを買おうとするとき、欲しいものが手に入らない、ということはほとんどないでしょう。けれども、ずっと、一つの疑問を感じ続けていました。『心の底から本当に欲しいと思えるもの』はいったいどれだけあるのだろうか？

安易な『デザイン性』に振り回されるわけでも、『安さ』に振り回されるわけでもないもの。『これぞ〇〇の中の〇〇である』と言える、『究極』のもの。消費者が『本当に』欲しいと言えるもの。長く愛され続けるもの。『本当に欲しいもの』は、実は世の中にあまり存在していないのではないだろうか？

ならば、自分たちでつくろう。そんな思いで、このブランドを立ち上げることを決めました」

こうして生まれた「ＴＨＥ」のブランドコンセプト文は、本章で説明してきたことを要約していると思いますので、紹介しておきます。

過去を知り、
現在を考え、
未来を創る。

生命と遺伝子の営みが、発生と進化と淘汰《とうた》を繰り返し、
数多《あまた》の愛すべき無駄を携えながら最適な姿へと形を変えてきたように、
人の歴史と共に生まれた数多くのモノたちも
愛され、やがて消え、姿を変えながら、進化を続けてきました。
そして、今。
わたしたちは、こんな風に思い始めています。
そろそろ、「これこそは」と呼べるものが欲しい、と。

たとえば、THE JEANSといえばLevi's 501。

しかし、この世界には未だ「THE」と呼べるものが明確に存在しないアイテムも数多く残されています。

世の中の定番を新たに生み出し、これからの「THE」をつくっていくこと。

世の中の定番と呼ばれるモノの基準値を引き上げていくこと。

本当に「THE」と呼べるモノを、生み出していくこと。

わたしたちは、そんなモノづくりを目指していきます。

質の高い「定番」が生み出す文化

「美しい街並み」といえば、どの街が思い浮かぶでしょうか？　日本であれば京都、海外ならパリなどヨーロッパの街を挙げる人が多いのではないかと思います。

京都には景観条例があり、他の街では色とりどりの看板やネオンで飾られるコンビニやスーパー、パチンコ店などが、一様に茶色っぽい外観で統一されています。建物の高さにも制限があり、高層ビルやマンションは、需要はあるはずですが、建てることができません。

パリも同様に、厳しい景観規制があります。電線はすべて地中に埋められ、建物を建てるにも壊すにも厳しい基準があり、多くのアパルトマンでは、バルコニーに洗濯物を干すことも禁じられています。

すべての街の景観にこういった厳しい基準を適用すべきとまでは思いません。また、住人全員がこの規制を心地よく感じているかは分かりません。しかし、京都やパリの風景からは、大人の街の成熟を感じます。

住民の多くに、「京都（パリ）らしい、美しい街並み」についての共通理解があり、「京都（パリ）らしさ」を守るためにはこうすべき、という共通認識に基づいて人々が行動している街。京都好きが嵩《こう》じて移住を決める人もいますが、彼らも当然、その共通認識を理解したうえで住まいを移します。

家を建てるときには、突飛なものではなく、この美しい街並みのクオリティにふさわしい家を建てようとするでしょう。仮に、景観条例をうまくくぐり抜けて、とても特殊な景観の建物を建てることができたとしても、それは、京都における「定番物件」にはなり得ません。こうして、共通認識は広がり、受け継がれ、街並みの美しさは保たれていきます。

これは、言い換えれば「文化」が醸成されているということです。条例というルールがあるとはいえ、権力のような上からの力で無理矢理その方向を向かされるのではなく、みんなが共通認識によって自然にそちらを向いている状態が生まれているのです。

ぼくは、この状態は、ものづくりにおいても言えることだと思っています。

定番をつくりだすということは、世の中に必要とされているもののゼロポイント（基準値）を生み出していくことだ、と述べました。

「定番商品」とは、そのジャンルにおける「共通認識」のベースとなるものです。

定番商品のクオリティが高くなるということは、そのジャンルにおける「基準値」や「共通認識」が底上げされるということです。「この程度のものをつくっておけばいいや」という状態だったのが、「あそこまでつくらないと普通とみなしてもらえないんだ」へと変わるからです。結果的に、全体の意識が変わり、クオリティが上がり、良いモノが生み出される確率が高まるはずです。

こういった底上げは、技術革新が盛んな分野では、新しい技術の誕生によって繰り返し起こってきました。トップの技術に下が引っ張られ、持ち上げられる形で、全体の底上げがなされてきたのです。

しかし現代は、技術革新がゆるやかです。ましてや、市場が成熟した分野であれば、そういった底上げは一層起こりにくくなります。結果、素晴らしいクオリティのものの隣に、雑なものも普通に並んでいるような、混在した状態が起きてしまっているのです。

先にも述べたように、定番商品となるには、機能デザインが満たされている必要があります。また、そのもの「らしさ」を満たしていることが不可欠です。

しかし、世の中には、「機能」や「らしさ」が欠落した「デザイン」がたくさんあります。

「おしゃれ」だけど使いにくい雑貨。「おしゃれ」だけど座りづらい椅子。デザイナーが入って「おしゃれ」につくり、雑誌にはたくさん取り上げられたけれど売れない伝統工芸品。スタイリッシュで近未来的で「おしゃれ」な内装にしてみたけれどまるでお客さんが入らなかったラーメン店やお寿司屋さん……。

そのジャンルの「定番」が明確になり、「ゼロポイント（基準値）」が定まること、そして、できればそのゼロポイントができる限り高くなることは、良いモノに溢れた心豊かな暮らしを生み出す土壌、文化を生み出すことができるのではないかと思うのです。

第2章　世界を変えた定番商品

（水野　学）

靴や椅子《いす》、器《うつわ》など、誰もが知っている定番商品には、それが生まれる前と後で世の中がまったく変わってしまうほどの大きな影響を与えたものが、たくさんあります。皆さんにも、いつ使い始めたか覚えていないけれど、自分も周囲も自然と使うようになっていた、というようなアイテムが、身の回りにあるのではないでしょうか。

本章では、そんな世界を変えた定番商品の中からいくつかを選んで、なぜそれが定番となったのかを、具体的に探ってみたいと思います。

瓶《びん》の形状が飲み物の味を美味しくする？――コカ・コーラの瓶

清涼飲料水の定番といえば、何といっても「コカ・コーラ」でしょう。コカ・コーラはもちろん、コカ・コーラ社のブランドです。コーラ飲料としては他にも、ペプシ・コーラを始めとしていろいろな会社が発売していますが、コーラと聞くとまず、あの赤いロゴマークを思い浮かべる方が多いのではないでしょうか。

コカ・コーラといえば、特徴的なのが、あの瓶の形。若い人は缶やペットボトルしか知らないかもしれませんが、ある年齢以上の人にとっては、瓶も含めてコカ・コーラというイメージだと思います。あの真ん中がくびれた形は、一目でコカ・コーラの瓶だと認識できます。

誕生したのは一九一五年。当時、瓶が保管されていた倉庫はとても暗く、街中も、現代のように煌々《こうこう》と明かりが照らされていたわけではありません。そこで「暗闇で触っても、それがコカ・コーラであると分かるもの」をコンセプトに、あの独特な形状をした「コンツアー・ボトル」と呼ばれる瓶が開発されたそうです。

コカ・コーラの瓶

モチーフはカカオのさやだそうで、緑がかったガラスの色も特徴的です。触っただけで、あるいは瓶が割れたときでも、破片を見ただけでコカ・コーラの瓶だと認識できるように、機能を付加したのです。

コカ・コーラは、一八八六年、アメリカのジョージア州アトランタで生まれました。薬剤師のジョン・S・ペンバートン博士がつくったシロップを、最初は水で割って飲んでいたのですが、炭酸水で割ったところ美味しいと人気を博し、現在の味へとつながっていったそうです。当初はコカの成分（つまり麻薬のコカイン）を入れていたそうで（当時は違法ではありませんでした）、それを清涼飲料水にしたという点も大ヒットの理由だったようです。

その翌年には、早くも現在の原形となるロゴマークがつくられました。コカ・コーラは、中身といい、容れ物の形状といい、広告のうまさといい、販売戦略が非常に秀逸な商品と言えます。だからこそ、世界でナンバーワンの飲料ブランドとなったのでしょう。

飲み物にとって、パッケージの持つ役割は非常に重要です。

たとえば、ビールメーカーは、新商品発売前に、各社それぞれビールの目隠しテストを行なっています。その際、ビールの缶のパッケージデザインを見せずに飲んでもらうと、そのときに美味しいと感じた順位と実際に売れている順位に、だいぶ差異があるそうです。

つまり、パッケージから受ける印象で、味の印象まで変わってしまっている可能性もあるわけです。その分、ひとたびその飲み物の味とパッケージが結びついたら、それはとても強いものになります。

最近はベルギービールを出すお店が増えましたが、多種多様なベルギービールは、瓶だけでなく、専用のグラスやコースターまでそろえているメーカーがたくさんあります。

ワイングラスにいろいろな種類があるように、ビールの味に合わせて、グラスの形も縦長だったり、幅広だったりと変えて、味わうことができるのです。パッケージデザインと共通したグラスやコースターとセットにすることで、たとえば、バイキングの絵が描いてあれば豪快な味に思えたり、人魚が描いてあれば女性的な感じに思えたりもします。ボトルからグラス、コースターにいたるまで、すべてのデザインで、そのビールの味を演出するのです。その結果、人びとはパッケージを見ただけで、そのビールの味を思い浮かべるようになります。

コカ・コーラの瓶についても同じことがいえると思います。あの特徴的なボトルを見ただけで、多くの人は、コカ・コーラの味を思い浮かべるのではないでしょうか。

コカ・コーラが、その原液の製造法を門外不出にしており、過去一度を除いて、まったく変えたことがないといわれていることは有名な話です。

かつて、ライバルのペプシ・コーラが始めた目隠しテストで、コカ・コーラよりもペプシを美味しいとする人が多かったことを受けて、コカ・コーラは味を変えたことがありました。しかし、往年のコカ・コーラファンから元の味を返せという猛烈な抗議が殺到したため、すぐに元に戻したたという経緯があります。

この話は、マーケティングの失敗例として経営学の本などでよく語られますが、逆に見れば、コカ・コーラの「定番」としてのブランド力を示す逸話《いつわ》だと思います。

誰もが見ただけ、触っただけでそれと分かる特徴的な瓶は、コカ・コーラの味と結びついて、定番ブランドを支えています。これもデザインの力と言えるでしょう。

圧倒的な完成度の高さ――デュラレックスのグラス

カフェなどに行って出される水や、アイスコーヒーの入っているグラスを、意識し

デュラレックス ピカルディグラス

て見てみたことはあるでしょうか？　おそらく多くのお店でこのグラスが出てくるでしょう。

　デュラレックスのピカルディタイプのスタッキンググラス。これは、どこに行っても本当によく目にします。もちろん流通量が非常に多いということもありますが、他のグラスに比べて完成度が圧倒的に高いということも言えます。

　グラスには二つの不可欠な機能がありま す。一つは、持ちやすいこと。もう一つは、飲みやすいことです。

　デュラレックスのグラスの側面は、九角形に削ぎ落としたような形状で、かつ

「辺」に当たる部分が丸くへこんだようになっています。持ちやすくするためのデザインです。そのへこみに、指がフィットします。

そのまま上のほうまで角があると、今度は飲みにくくなってしまいますから、飲み口に向かってそのパターンがなくなり、飲み口はきれいな円形になっています。つまり、不可欠な機能は二つとも、しっかりと満たされているのです。

加えて、スタッキングした際の質の高さも特長です。

飲食店などでは特に、スペースを確保するため、グラスを積んで保管できることへのニーズがあります。デュラレックスのグラスも当然、スタッキング可能ですが、積み重ねたときのことも、よく考えられています。

というのも、グラスを積み重ねたとき、先ほど述べた九角形の角の部分だけが当たるようになっているのです。側面全体が接することがないので、お互いにぶつかってグラスに傷がつくというリスクを減らせます。また、積んだときにはカチッとしっかりはまるものの、隙間《すきま》があるので、外しやすくなっています。

素材は、四ミリほどの厚い強化ガラス。割れにくく、耐熱性もあるので、熱い飲み物も入れられます。まさに、レストランやバーなどで使用するのに最適なのです。

このように見ていくと、デュラレックスの特徴的なデザインは、単に見た目の部分（装飾デザイン）だけでなく、機能デザインにもなっていることが分かります。

機能デザインが、高い精度で満たされているということは、定番が定番となるゆえんです。世の中には、機能デザインが満たされる前に装飾デザイン優位となっているものが多いと前章で述べましたが、そのどれも、流行は短いのです。

デュラレックスのグラスは、強化ガラスの技術をもとに一九四五年に誕生しました。一九六〇年に本格的に輸出が始まったそうで、その後あっという間に日本でも広まり、グラスの定番と呼ぶにふさわしい地位を確立しています。

究極の機能デザイン——ポスト・イットと曲がるストロー

機能デザインで定番となった商品に、「ポスト・イット」があります。つまり付箋《ふせん》ですが、バンドエイドやセロテープなどと同じく、ブランド名がその製品の代名詞になっています。メモに使ったり、本のページに貼《は》ったり、学校でもオフィスでも欠かせない文房具です。

米国の3Mカンパニーという企業で、一九六八年、貼ってはがせる接着剤を開発した社員がいました。開発したというよりは、偶然できてしまったというほうが正しいようです。しかし、その用途が見つからず、すぐには商品化されませんでした。接着するのだから、はがれたら困る。それが常識的な考え方だったということです。

その後、社員が教会で賛美歌を歌っているときに、賛美歌の本にしおりとして挟んだ小さな紙が何度も落ちてしまい、あの特殊な接着剤を使うことを思いついたことで、一九八〇年にポスト・イットが生まれました。

ある機能が、それまでにない需要を生んだという意味で、新商品開発の成功例としてよく挙げられます。

もう一つ、機能デザインから生まれた定番商品の分かりやすい例として、曲がるストローがあります。

ストローの原形となる「筒状のもので飲み物を飲む」道具は、歴史的に見てもかなり昔からあったようです。「ストロー」とは英語で麦のことですが、近代になるまでは、ライ麦の茎《くき》部分が使われることが多かったようです。

近代的な商品としてのストローは、一八九〇年頃までに生まれました。ライ麦の味が飲み物についてしまうことを避けるために、アメリカの発明家マービン・チェスターは、パラフィン加工を施《ほどこ》した紙でストローをつくることを思いついたのです。

もともと機能そのものといった形をしていますが、その後さらに「曲がる」という機能が付け加えられて、より完成度の高いものになりました。

曲がるストローを発明したのは、アメリカの発明家ジョセフ・フリードマンでした。一九三七年のことです。

フリードマンはあるとき、弟の経営する喫茶店でお茶を飲んでいました。ふと見ると、彼の幼い娘がカウンターの上の飲み物を、とても苦労して飲んでいることに気付きました。なぜなら、ただでさえ子どもにとっては高いカウンターの上のグラスには、まっすぐのストローがさされており、飲み口が彼女の口よりもかなり高いところにあったからです。

そこでフリードマンは、その紙のストローを、曲がるように加工することを思いつきます。飲み口が下を向くようになれば、背の小さな子どもでも飲み物を飲みやすくなるはずです。フリードマンは、デンタルフロスを使って溝《みぞ》をつけて、簡単に曲がるようにしました。

その後、紆余《うよ》曲折《きよくせつ》を経て一九四七年に、曲がるストローは、主に病院に向けた商品として売り出され、あっという間に広まりました。今ではプラスチック製が主流ですが、七〇年近くにわたって基本的なデザインは変わっていません。つまり、機能デザインとして、ほぼ完成されているということです。

日本が誇る機能デザインには、爪楊枝《つまようじ》があります。

爪楊枝の形状は何でもないように見えますが、実はとてもよくできています。端に入っている溝は、実は「折る」ためにつくられているのをご存じでしょうか。

折った端の部分をテーブルの上に置いて、箸置《はしお》きの箸のように残りの爪楊枝を置く。これが本来の使い方だそうです。また、折ることによって使用済みの印にもなります。せっかくのその機能は、残念ながらあまり知られていませんが、こんなに小さなものの中にも、機能デザインがたくさん施されているのです。

爪楊枝やストローなど、意識してみると、定番商品は生活の中に意外にたくさんあるものです。

国によって定番カラーは変わる

ポスト・イットの開発物語には、さらに面白い話があります。

ポスト・イットと言われて多くの人が最初にイメージするのは、黄色ではないでしょうか。実は、この黄色には意味があるのです。

ポスト・イットができた当初は需要がほとんどなく、３Mは、法律事務所や企業の秘書などに向けて、この商品を売ろうと考えました。アメリカの事務所でよく使われているリーガルパッドと呼ばれるレポート用紙があります。このリーガルパッドは伝統的に、黄色をしていますが、ここに目を付けました。

メモとして使ってもらうには、できるだけ貼った紙の存在感をなくして、あたかも文字だけが残っているように見せたい。そこで、リーガルパッドの色と同じ黄色のポスト・イットが生まれたそうです。それがやがて、ポスト・イットの定番色になっていくわけですが、その経緯を知る人はほとんどいません。

通常、売上げを伸ばそうとすると、いろいろな人に使ってもらおうとターゲットを広くとりがちです。しかしポスト・イットは、あえてターゲットを絞って明確にすることで、逆に商品の特性をしっかりと打ち出すことに成功しました。そこで使い心地が証明されたことで、結果的に多くの人が使う商品になったのです。

色というのは、商品にとって重要な要素です。たとえば、鉛筆といえば何色のイメージを持っているでしょうか。

日本のメーカーの鉛筆は、トンボ鉛筆が緑色で、三菱鉛筆は茶色です。いろいろな人に聞いたところ、日本人は緑色のイメージを持っている人が多いように感じています。

しかし、世界的には、鉛筆のイメージカラーは黄色なのです。世界でいちばん流通している鉛筆は、アメリカの「ディクソン」という企業がつくっているものです。一八六〇年の時点では、ほとんどの人が筆とインクを使っていたのですが、一二年後には、ディクソンが毎日八万六〇〇〇本の鉛筆をつくるまでに時代を変えてしまいました。

なぜ、ディクソンの鉛筆は黄色だったのか。そこには色の持つイメージが深く関係しています。

鉛筆の芯《しん》の部分はグラファイトといわれる鉱物ですが、当時、いいグラファイトはシベリアで採れました。アメリカから見てシベリアは、東の端にあります。東洋の色ということで黄色が用いられたのだそうです。黄色く塗れば東洋のイメージが出て、「すごくいいもの」という印象になると考えたそうです。

その後、シベリアのグラファイト資源が尽きて別の国のグラファイトを使い始めてからも、変わらず黄色を使い続けました。それにより、「この鉛筆には良質なグラファイトが含まれている」というイメージが生き続け、人気も持続したのだそうです。

定番になっているものは、まず機能の発明が必ずありますが、その後は商品そのものだけではなく、広告やパッケージを含めた全体的なデザインとして定番になっていくプロセスがあります。時代にあわせてうまく洗練していったものだけが、定番になれるのです。

定番は自然淘汰《とうた》から生まれる――トヨタ自動車

日本だけでなく、世界で自動車の定番をつくり続けてきたのが、トヨタ自動車です。かつてはカローラ、いまはプリウスが「THE自動車」と呼んでもいいほど世界中で販売され、乗られています。

ぼくは、定番は自然淘汰から生まれると思っています。つまり、何らかの過程があって、生き残ったものが、すなわち定番であるということです。その方法は二通りあります。一つは、時間が淘汰を生んでいくという方法。もう一つは、決裁システムが淘汰を生み出していくという方法です。

定番を生む天才であるトヨタは、この二通りをバランスよく採用しています。フェラーリやポルシェはもちろんすごくかっこいいのですが、自動車全体としての定番かと言われるとそうではないでしょう。

トヨタには、ものすごく変わった車は一台もありません。運転しやすくて、安心で、安全。広告も、突飛なものはつくりません。ぼくがトヨタと仕事をさせていただいたときに感じたのは、トヨタのものづくりは（下流の）河原で見つかるきれいな丸い石のようだな、ということです。

上流からは、個性的な形をした大きな岩がたくさん流れてきます。岩というのはたとえで、実際にはすごく奇抜な商品アイデアだったり、広告プランだったり。でもそれらは下流へと流されながら、いろいろなところに打ち当たり、角が削られて、丸くなっていく。

上流にあった岩は、ある人は力強くて素晴らしいと思うけれど、別の人は、ちょっと重そうで怖い、と思うかもしれない。でも、下流で丸くなった石は、誰に聞いても、「丸くてきれいだね」と好意的に受け止めてくれ、嫌う人はあまりいません。そのきれいな丸い石の中でも、最もきれいな形のものを探して、世の中に出していく。それがトヨタのやり方だと思います。

広告のつくり方も似ています。たくさんの案をつくり、上の役職の人に上がっていくまでに何度も出し直す。そういった決裁システムだと感じました。

社長の鶴の一声で決める経営スタイルで素晴らしい結果を上げている企業も、世の中には多数あります。ですが、売上高日本一を誇るトヨタの底力は、緻密《ちみつ》な検証を繰り返しながら、万人が悪い印象を持たず、かつ完成度が高い製品を生み出していく手法にあるのかもしれません。しかも、そうやって着実に歩みを進めながらも、ハイブリッドカー、自動運転技術、IT化など、新しい取り組みを大胆に進めていくのも、トヨタのすごさです。

こうして淘汰を繰り返すことは、定番商品を生む一つのポイントです。これは生物の進化や淘汰と極めて近い構造です。

生物の進化がどのように起こってきたか。たとえば、キリンについて考えてみます。キリンはなぜ首が長いかという問いに対しては、低いところの食べ物がなくなったから高いところの食べ物を得るために首が長くなったという説と、もともと首が長いものが生き残ったという説と、主に二パターンあります。

世間ではよく前者の説がいわれますが、現在の生物学の知見では、どうやら後者の捉え方が主流なのだと聞きます。首が長くなるように進化したのではなく、突然変異として長い首のキリンが生まれ、たまたまそのキリンが生き残れる環境がそこにあった可能性が高いというのです。

生物が目的をもってある機能を進化させて生き残ることができないように、商品もある突出した機能だけで、定番として売れ続けることは難しいと思います。地球の環境が変化するように、市場環境も刻々と変化します。

その中で生き残り続けるには、予測できない変化に対応できるような、つまり時代が変わっても求められ続けるような、商品としての完成度の高さがなければなりません。一時の流行を追っただけの商品が長く売れることが難しいのは、そういうことだと思います。

こうした進化と淘汰の話は、単に商品だけでなく、もう少し広く企業そのものについても当てはまるかもしれません。

トヨタ自動車が、もとは自動織機づくりから始まったことは有名です。同じように、フランスの有名な自動車メーカーであるプジョーは、実はもともと、ミルをつくるメーカーでした。

プジョーのペッパーミルは一八七四年に発売。年間二〇〇〇万個を販売している定番商品です。最初は穀物のミルをつくっていたのですが、その後にコーヒーミルをつくったところ、とても儲《もう》かったので自動車をつくってみようということになったそうです。コーヒーミルをつくってから五〇年後のことです。

プジョー　ペッパーミル

　コーヒーミルから自動車にというのはすごいジャンプですが、プジョーのロゴマークであるライオンには、ミル時代の名残があります。あのマークは、速く走る自動車という意味ではなく、ミルの性能がライオンの顎《あご》のように強いというところから生まれたそうです。

　ちなみに、イタリアの自動車メーカーであるランボルギーニのマークが牛なのは、もともとトラクターなど農業機械の製造から始まった企業だからです。

　時代が変わるにつれて、同じものだけを売っていては企業として生き残っていけない。そうなったときに、核となる技術を活かして、どれだけ環境に適応していくことができるか。それをできるだけの技術力を備えているか。それが、企業としてのブランドを確立して存続するために必要なことだといえます。

広まることで匿名化するデザイン――イームズシェルチェア

ある商品が生まれて、それが定番になっていく。それは、時代がその商品を渇望していたからだと言えます。

世界で最も有名な椅子は、「イームズシェルチェア」です。チャールズ・イームズと妻のレイ・イームズは、今日でも使われ続けているさまざまな家具をデザインした、革新的なデザイナーでした。

このイームズシェルチェアは、いわば第二次世界大戦後のアメリカが求めたことによって生み出された製品でした。

アメリカでは戦後、海外に派遣されていた多くの兵士たちが帰ってきました。すると、生活の面で家具を含めたさまざまなものが、一時的に不足しました。椅子もその

ハーマンミラー イームズシェルチェア

一つです。すなわち、短期間で量産できる椅子が求められていたのです。

一方、戦争中に、米軍のヘルメット用の素材として、ファイバーグラスで強化したプラスチックが開発されました。これは金属よりも軽くて安価、しかも丈夫なうえに加工がしやすい素材です。

そこでイームズは、このガラス繊維《せんい》強化プラスチックを使って椅子をつくることを考えました。ヘルメットをつくる技術と椅子が掛け合わされてイノベーションにつながり、イームズシェルチェアが生まれたのです。

一九四八年に生まれたこの歴史的な椅子

は、家具史上で大きな意味を持っています。北欧の家具が手工業の賜物《たまもの》だとしたら、このファイバーグラスチェアは、ある意味正反対の、工業製品の賜物だからです。

センスが良く、軽くて、丈夫で、安くて、流通も簡単なイームズシェルチェアは、世界に広がっていきました。それまでは座面と背もたれが分かれているのが椅子でしたが、一体にして成形することを考えたのはイームズだと言われています。

その後、イームズシェルチェアは、いろいろなバリエーションがつくられ、素材が変わったりしました。ガラス繊維が含まれている素材が環境に悪いとされ、ポリプロピレンというプラスチックに変わっていきました。最近になって、環境に配慮したファイバーグラスというものが発明されて、当時の素材に極めて近いものが再度販売されているそうです。

イームズシェルチェアは、世界中の椅子のサイズや形の比率を決めたと言われています。いまでもおそらく、世界各国のプロダクトデザイナーのオフィスにこの椅子があるのではないでしょうか。というのも、新しい椅子をデザインするとき、この椅子を基本形として実測しながら考えると、基準になりやすいからです。

さまざまなかたちでマイナーチェンジされていても、基本の形はとても椅子らしい椅子。多くの人にとって座り心地がいいと言われています。国ごとのマイナーチェンジはしていないはずなので、世界中の人にとって座り心地がいいということは、すごいことだと思います。

世界中でこのイームズシェルチェアを模した椅子がつくられているのが、何よりの証拠です。

実は、単に世の中に広まったという点だけを見れば、イームズシェルチェア以上のものがあります。モノブロックと呼ばれる椅子があるのですが、おそらくこれが、いま世界でいちばん流通している椅子なのではないかと思います。

薄いプラスチック製のため軽くて持ち運びが簡単で、安価、スタッキング可能、防水など、一通りの機能を兼ね備えた椅子です。作者は不詳で、一九八〇年代に生まれた歴史の浅い椅子です。

流通量がいちばんなら、これが椅子の定番ではないか、そう思われるかもしれませんが、ぼくたちの考え方では、モノブロック椅子は定番にはあたりません。

機能的には過不足なく、デザインは、いいとはいえませんが最悪でもない。ただ、致命的なのは耐久性のなさと、そもそも「安いのだから、壊れたら捨てて新しいのを補充すればよい」という考え方です。

モノブロックは、非分解性のプラスチックでできているため、捨てるときは埋めるしかありません。燃やすこともできません。海外ではジョーク混じりに、未来の世の中は壊れたモノブロックで埋めつくされてしまうのでは、と言われています。

環境問題がクローズアップされる現代において、こうした商品を定番であるということはできないと思うのです。

広い定番と狭い定番——オールスターとポンプフューリー

定番と呼ばれるものは、必ずしもそのジャンルで一つではありません。定番には、広い定番と、狭い定番があります。カテゴリーを広く取るか、狭く取るかによって、定番と呼べるものは変わってくるのです。

たとえば靴を考えてみると、よく分かります。靴のメーカーはたくさんあり、服装によっても変わってきますから、なかなか「THE靴」はこれだ、と一つに絞れるものではありません。

ですが、それぞれのメーカーでいかにも定番というものがあります。コンバースならば「オールスター」、アディダスならば「スーパースター」や「カントリー」や「スタンスミス」、ナイキならば「エアフォース」や「コルテッツ」、ニューバランスなら「996」や「576」といった、スタンダードモデルです。

つまりこれらは、スニーカーという狭いカテゴリーでの定番です。

これらの共通点は、「嫌われなさ」にあると思います。「嫌われなさ」とは、すなわち許容値が大きいということです。どんな格好でも合うので、あまり好き嫌いやファッションのスタイルに左右されることがありません。

一方、リーボックの「ポンプフューリー」というモデルや、ナイキの「エアマックス」は、そこまでスタンダードとは言い切れません。形に特徴があるために、好き嫌いが多くなるからです。

また、定番と呼べる靴はどれも、機能デザインからつくられたものでもあります。

オールスターやエアフォースはバスケットボールのシューズですし、スタンスミスはテニスシューズです。ニューバランスはランニングシューズとしての走りやすさを追求したものです。

機能から生まれたデザインが、ファッションとしても広く受け容れられました。それぞれの分野では、より高機能なシューズが開発されていますが、それらを日常的に履《は》く人は多くはありません。一時期、「エア・ジョーダン」などのバスケットシューズが流行ったこともありましたが、定番と呼べるかというと、少し違うように感じます。

自動車でも、カテゴライズされた定番というものを考えることができます。たとえば、高級セダンの中の定番はメルセデス・ベンツ、アウトドア系高級車の定番はレンジローバー、スポーツカーの定番はフェラーリやポルシェ、ランボルギーニなど……。

このように、価格、ターゲット、用途、人種、地域などによっても、定番は変わってくるのです。

第3章　定番の条件

（水野　学）

定番になるための五つの要素

時代に左右されない定番商品を生み出すためには、何が必要でしょうか。それさえ分かれば定番商品をつくれる、そんな「定番の条件」を見つけることはできるでしょうか。本章では、それを考えてみたいと思います。

一般的には、世の中に出てそれをたくさんの人が使ってくれることで、結果的に定番になったものがほとんどです。ですから定番の条件というのは、逆算して考えてみた結果を試すことになります。

ぼくたち「THE」が、定番商品たり得る条件として基準にしている五つの要素があります。

それは、①「形状」②「歴史」③「素材」④「機能」⑤「価格」。

「THE」では、それぞれの項目に五段階評価で星をつけて判断しています。この五つが完璧に満たされていればいるほど、当然、定番に近づいていきます。ただし、このうちのいくつかがずばぬけて優れていることによって、定番たり得ている場合もあ

THE 飯茶碗

ります。

「ＴＨＥ」がつくったオリジナル商品は「ＴＨＥ○○」というふうに呼んでいます。たとえば、「ＴＨＥ飯茶碗」は、これらの定番の条件のなかで、①「形状」という条件を中心に考えました。

ひとくちに「形状」と言うと簡単ですが、その「形」に何を求めるかによって、出てくる答えは大きく異なります。実際にどのようなプロセスで形を決めていったかについては第４章で鈴木さんがくわしく説明をしていますが、この茶碗をつくるにあたっては、日本人が持ちやすい形を追求しました。

お茶碗の形を決める要素は、見た目であったり容量であったり、さまざまなことが考えられます。そのなかから、ぼくらは何よりも「持ちやすく、使いやすい」ということを重視しました。

では、その「使いやすい」を実現するための具体的な茶碗の形はどのようなものか。それを考えるためのキーワードが「身度尺」と呼ばれる、人体を基準にしたサイズの考え方でした。そうして生まれた飯茶碗のサイズは、奇《く》しくも江戸時代によくつくられた茶碗のサイズと同じものだったという偶然もありました（154ページ参照）。

「歴史」や「価格」をどう考えるか

「ＴＨＥ飯茶碗」は、同じサイズ、形状の茶碗を、異なる五つの産地の窯元でつくってもらいました。つまり、「ＴＨＥ飯茶碗」として、五種類の茶碗が売られているということです。

有田《ありた》、清水《きよみず》、信楽《しがらき》、瀬戸《せと》、益子《ましこ》という焼き物の産地ごとに経緯は異なりますが、いずれも確かな歴史を持つ有名産地です。日本の焼き物の歴史は古く、どの産地にもそれぞれの魅力があります。一つの産地に絞ることのほうが不自然と考え、あえて、産地違いで五種類の展開をすることを決めました。

前述の通り、昔から長くつくられてきた形状でもあるので、②「歴史」は五段階評価の5としました。

この「歴史」という条件は、さらに二つの要素に細分化できます。

一つは、「支持率」の高さ。どれだけ多くの人が、それを使っているかということです。「率」としたのは、その商品がどういう規模の市場を狙っているかによって、国なり地域なり年齢なり、制約されている世界でいかに支持されているかということを考えることが重要だからです。

そして、もう一つは「支持期間」の長さ。支持されている一定の期間があるということです。つまり、「歴史＝支持率×支持期間」ということです。

商品の支持率を上げるためには、次の三つの条件が必要です。

a．信用度……出自が確かであるということ。つくり手が信用に値《あたい》するかということでもあり、ブランド力がものをいいます。

b．完成度……商品自体がちゃんとしていること。

c．認知度……流通量が多く、みんなに知られていること。

信用度、完成度、認知度の三つが整うと信頼感につながり、支持を得られて「歴史」が満たされ、定番につながっていくのです。

人々の支持をいかに集められるか、そしてその支持を受けている期間をいかに継続できるかを考えることは、定番に近づく大事な要件の一つです。

③の「素材」は、「THE飯茶碗」に関しては、星4つとしました。どれも旧来の素材ですが、産地ごとに、その特長がしっかりと出る良質な土でつくっています。

④の「機能」は、星3つとしました。極めてスタンダードな飯茶碗だからです。

「素材」や「機能」も、とても重要な要素です。なぜなら、技術革新等でこれらのポイントが特に秀でている場合、それだけで、新たな定番の座に就ける可能性があるからです。

たとえば、消せるボールペン「フリクションボール」。いまや、このペンを持っている人が一人もいない打ち合わせを探すのが難しいほど、広く流通しています。この商品の「機能」は、間違いなく星５つでしょう。発売されると瞬く間に、ボールペンの新たな定番と呼べる地位を築きました。

⑤「価格」も定番にとって重要な条件です。これは、単純に安くて買いやすければいいということではありません。

普通の考え方であれば、販売価格は、製造コストに一定の利益率を乗せてつけるか、あるいは逆に、決めた販売価格に見合うように製造コストを調整することになります。その場合、当初想定していたよりも高い価格をつけなければならなかったり、製造コストを下げるため、品質を犠牲にしなければならなかったりします。

また、同業他社との価格競争によってぎりぎりまで安い値段をつけるというのも、よくあることです。安ければ、消費者にとっては望ましいことのようですが、ぼくたちは必ずしもそうではないと考えます。安すぎる価格はその商品の本当の価値を伝えられず、価格競争で自滅してしまうことになりかねません。

ぼくたちは、定番となるべき商品としていちばんふさわしいものをつくったうえで、市場の中でこれはいくらで売っているのが適切だろうかと考えます。それを「適価」と呼んでいます。

くわしくは第6章で、中川さんが「THE GLASS」を例に説明をしていますが、「THE」では、製造コストが高くなると分かったときに、単純に売値を上げるという考え方はしません。

「THE GLASS」のときにも、適価としていた一〇〇〇～一五〇〇円では収まらないほどに、製造コストが掛かってしまうことが分かりました。ただし、一度にたくさんつくれば、一個あたりの単価は下がります。そこで、適価と考える値段で売れるように、そこから逆算して生産ロットを大きくしたのです。

もちろん、それだけ大きなリスクを負うことになりますが、それを押しても「適価」を実現するための経営判断をする。この価格についての考え方は「THE」の商品を定番にするためにはゆずれない部分なのです。

過去を知り、現在を考え、未来を創る

定番を生み出すプロセスは、「過去を知り、現在を考え、未来を創る」ということに集約されます。「ＴＨＥ」のスローガンとして掲げたこの文章は、ぼくたちが定番を生み出すときの思考過程とも重なります。

定番商品をつくろうとするとき、あるいは「ＴＨＥ」の店舗に置く定番商品を選ぶときには、まずそのジャンルの過去について調べます。

たとえば、第１章でも触れた、「バスクシャツ」と呼ばれるＴシャツ。横縞（ボーダー）と、横に広いボートネックが特徴的なシャツですが、そもそも名称に歴史が含まれています。バスクシャツは、その名のとおり、バスク地方（スペイン北東部とフランス南西部にまたがる地域）で生まれたものです。

ぼくたちのお店では「ＴＨＥグランプリ」という企画を定期的に行なっています。あるジャンルを選んで、ブランド違いでいくつかの商品を並べ、お客様の投票によって「ＴＨＥ」を決めるというものです。ビーチサンダル、折りたたみ傘、マグカッ

プ、ハサミなど、これまでいろいろなアイテムで実施してきました。お客様がどういう基準で「これぞ定番だ」と判断するのか、ぼくたちにとっても気付きの多い企画です。

あるとき「THEバスクシャツ」をテーマにこの企画を実施することになりました。候補を選ぶにあたり、そもそもバスクシャツはどのようにして生まれたのかを調べてみました。

もともとバスクシャツは、漁師や船乗りの着るシャツとして古くからありました。七分丈のそでは、船上の作業でひっかからないようにしたものです。また、特徴的なボーダーは、船乗りが海に落ちた際に目立つようにという意図があります。

フランス海軍が制服として採用したことで知名度が高まり、南仏のリゾートなどで流行するとともに一般に広まりました。ピカソが愛用したことでも知られます。

セント・ジェームス、ルミノア、オーシバルなど有名なブランドはいくつかありますが、その中からどれが「THEバスクシャツ」にふさわしいのか。どれもフランス海軍に採用されたこともあり、高い品質を誇ります。お客様がどういうポイントで判断されるだろうと見ていたのですが、決め手は、バスクシャツの原点に近いかどうかでした。

バスクシャツの生地は、いまはTシャツと同じようなものが一般的ですが、当初はニット生地が主流でした。船旅の帰りを待つお母さんや奥さんが、編んでつくってくれたそうです。そうした発祥のストーリーがお客様の心に響いたようで、いまもニット地でつくっている「フィルーズ・ダルボー」というブランドのバスクシャツが、投票結果の第一位を獲得しました。もちろんぼくたちとしても、納得できる結果でした。

定番を生み出すために、知識を増やす

「過去を知る」作業の後は、「現在を考える」作業に移ります。そのためにはまず、過去を知ってきた過程の中で、変わっているものと変わっていないものの存在に注目します。

定番のAという商品が生まれた当時の背景と、いま現在の時代の背景は、同じであ

るかどうか。時代背景は同じであったとしても、生活様式は変化しているかどうか。あるいは、人々の趣味嗜好《しゅみしこう》は変遷《へんせん》していないだろうかということなどに注目します。

「現在を考える」際には、その前提として必要となることがあります。一つは、できるだけ多くの媒体から情報を得ること。そしてもう一つは、「ソーシャルコンセンサス」（ぼくの造語です）を探ることです。

前者の「多くの媒体から情報を得ること」から説明してみたいと思います。

現在のことは、誰もが分かっていると思いがちです。しかし、これだけ情報に溢れた時代でも、自分が得ている情報には、無意識に「自分のバイアス」がかかっていることが多いものです。

自分が好きなもの、得意なものとは別の考え方があるといった多様性をいかにきちんと感じることができるか、調査することができるかというのは、現在を考えるうえでとても大切なことです。

ＩＴ革命以降、ぼくたちは世界が広くなったように感じていますが、実は、個人の壁は厚くなっています。好きなことだけ知っておけばいいという趣味嗜好の壁ができあがってしまったのです。その壁をいかに乗り越えるかは、ものづくりをする人間にとって重要課題です。

自分の情報のバイアスを正すには、やはりネットやSNSに頼るだけでなく、出版社や新聞社、テレビやラジオなど、情報に責任を持っている人たちが発信した情報も得ることが大事です。

もちろん、メディアが真実を伝えていないこともたくさんありますし、逆にネットに本当のことがのっている場合もあるでしょう。要は、さまざまな情報を見比べたうえで、どれが正しい情報なのかを判断することが大切だということです。

「現代を考える」と言いましたが、「考える」という行為は、「知る」「疑う」「伝える」の三つに分解できるというのが、ぼくの持論です。

まずは、「知る」。いろいろなことを調べ上げて、かたちをつくっていきます。そして、それを次に「疑う」。一度集めた情報をいろいろな角度から検証しなおします。そして、集めた情報を人に「伝える」。伝えるという行為は、その情報を整理し洗練させないと不可能です。

自分の頭でぼんやりと分かった気になっても、それが「思う」ところで止まってしまっていては、そこから知見を得ることはできません。人に「伝える」ことができるまでに整理することで初めて、考えたと言える状態になると思うのです。この工程は、得た情報を整理するうえで、とても大切です。

ソーシャルコンセンサスから「本質」を導き出す

「現在を考える」作業の前提として必要なこと。二つめは、「ソーシャルコンセンサス」を探ることだと書きました。

この「ソーシャルコンセンサス」という言葉は、ぼくの造語です。「潜在的共通認識」とでも言い換えればいいでしょうか。

たとえば、空という言葉を聞くと、大抵の人は青のイメージ、あるいは青い空に白い雲を思い浮かべます。口に出して確認しあうわけでなくとも、同じようなものを連想する。でも、もしも夜しかない国があったとすると、空といえば黒色と星を思い浮かべるはずです。こういった共通認識は、国や地域、時代によって当然異なります。

しかし、潜在的な共通認識自体は、世の中に非常にたくさん溢れています。

そうしたソーシャルコンセンサスを導き出す方法として、シズルを見つけ出すという作業があります。

シズルとは、英語で「(肉を焼くときの) ジュージューいう様子」という意味です。広告業界などでは食品を美味しそうに見せる演出のことを「シズル」と呼びます。僕はこの言葉をもう少し広く捉え、思わず手に取りたくなるような「そのものらしさ」と定義しています。

モノにとって「らしさ」というのは重要な要素です。味噌汁《みそしる》が「バカラ」のグラスに入っていたら、いくら高級な器でも、あまり美味しそうには思えないでしょう。やはり、味噌汁はお椀などに入っていてほしい。

三ツ星レストランの料理でも、紙皿に載っていたら美味しさは半減するはずです。逆にコンビニの惣菜でも、立派な皿に美しく盛りつければ美味しく感じられるかもしれません。そういうふうに、何の気なしにぼくたちは感覚を総動員して、ものに接しています。

そのもののシズルを見つけ出すために、ぼくがよくやる方法が、「〜っぽい分類」と呼んでいるものです。

たとえば、チョコレートのパッケージをデザインしようとしたら、まず、どこの国っぽいかを考えます。「チョコレートっぽい国」のイメージを人に尋ねると、だいたい「ベルギー」とか、「フランス」など、ヨーロッパの名前が挙がります。いきなりロシアとか中国と言う人はいません。ごくまれにガーナと言う人もいますが、それは原料となるカカオのイメージなのでちょっと特殊です。

そこで、ベルギーやチョコレートのイメージを色にたとえてもらいます。多く出るのは、「金色」や「茶色」、「赤色っぽい」など。ただし、これは日本の場合。たとえばスイスでは、チョコレートは紫色のパッケージを多く見かけます。ということは、スイス人にとってチョコレートのイメージカラーは紫色かもしれません。このように、地域に対する適応性は必要です。

そして、パッケージをつくるとなったら、こうした「〜っぽい」から導き出した「チョコレートらしい色」を念頭に置いたうえで、デザインをしていけばいいのです。

その色のままデザインするのか、あえて外すのか。

ただし、チョコレートの「定番品」をつくりたいのであれば、多くの人が「チョコレートっぽい」と感じる色とあまりにかけ離れた色を選ぶのは危険です。チョコレート「らしさ」のないパッケージは、ちょっと変わったキワモノのチョコレートのように見えてしまう可能性があるからです。

「シズル」「らしさ」は、そのものの本質につながります。「ソーシャルコンセンサス」を知ることは、みんながいいと思う、共通認識を把握することです。

モノの本質をつかんで、みんながいいと思うものをつくるのは、とりもなおさず定番商品をつくるための条件です。現在売れているもの、求められていることから「ソーシャルコンセンサス」を導き出すことが、未来の定番商品のアイデアを見つけることにつながります。

こうした「らしさ」と「定番」の関係は、ちょうど鶏と卵の関係に似ているといえるかもしれません。

スポーツカーの車体のイメージを尋ねられたら、「赤」と答える人が多いのではないでしょうか。これはフェラーリが強く影響しているはずです。スポーツカーの定番といえば、その筆頭はフェラーリ。

つまり、あるジャンルの「らしさ」は、実はその時代の定番から生まれている場合も多いのです。この「定番→らしさ」という図式を踏襲することで、新しい定番をつくることができると考えています。「らしさ→新定番」という図式です。もしかしたら、この新定番が、さらに次の時代の「らしさ」を生むことになるかもしれません。

知識の集積からアイデアを生み出す

過去を知り、現在を考えることができたら、「未来を創る」段階に入ります。ただし、漠然と発想が降りてくるのを待っていても、アイデアは生まれません。

これまでに得た情報の中に、なにか共通点はないでしょうか?

そのアイテムの在り方を劇的に変えるきっかけになった、機能はないでしょうか?

時代は常に動き、けれども過去から連綿と続いています。過去と現在の情報をつかむ作業が、未来を見据えることにつながります。未来は、現在の延長です。

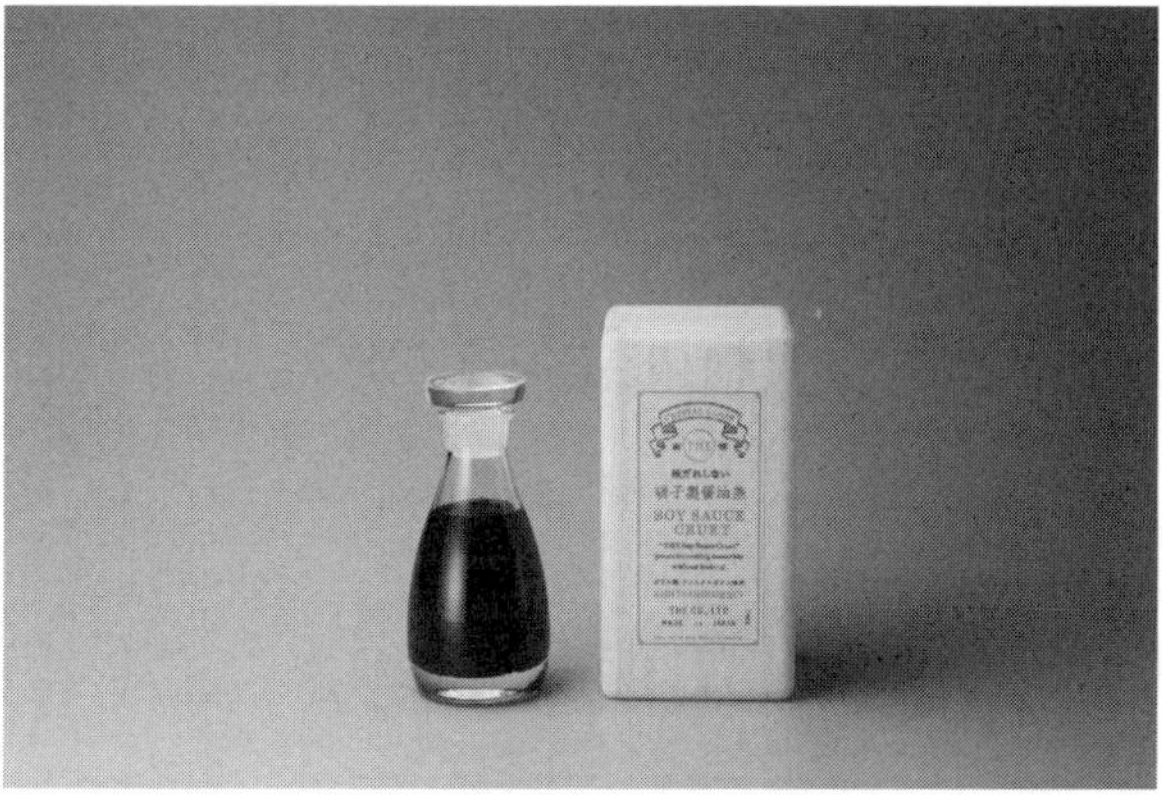

THE 醤油差し

ここまでに説明した一連のプロセスを、「THE醤油《しょうゆ》差し」をつくったときに当てはめて考えてみます。

まずは、「過去を知る」。過去につくられた、代表的な醤油差しを調べてみました。醤油差しを代表する定番として、赤いふたに円錐形ガラス瓶のキッコーマンの醤油差しが挙がりました。現在ではあまり見かけなくなりましたが、かつてはあらゆる食卓を席巻《せっけん》していたアイテムです。

次に、最近の傾向を調べてみます。キーワードの一つとして「鮮度」が出てきました。

近年、醤油の鮮度を保てる独自のパッケージを採用する醤油メーカーが複数出てきています。食への意識の高まりが大きな理由の一つですが、それに加え、食の洋風化によって醤油を使う頻度が減ったことや、核家族化が進んでいるという時代背景が浮かび上がってきます。そうやって考えていくとおのずと、現代の生活に適した醤油差しのサイズが見えてきます。

一方で、「スポイト状に醤油を一滴ずつ出せる」とか、「液だれしない」といった機能を謳う商品も数多くあります。ですが、「期待して買ったが、使っていくうちにやっぱり液だれしてしまった」という不満の声も見かけました。ということは、この点はまだ改善の余地が残っているということ。

素材は、陶器、ガラスなどさまざまなものが売られています。ガラスの場合、使ううちに汚れが目立ってくるという難点があり、陶器の場合、残量が分かりづらいという難点がありました。

こうして、醤油差しの進化の過程を追いながら、現在の傾向を見据えていくと、どんなものをつくれば今後の定番となり得るのかが、次第に見えてきます。

「THE醤油差し」を具体的にどんなものにしたのか、くわしい説明は第4章に譲りますが、情報を集め、丁寧に検証しながら生み出した「THE醤油差し」は、メディアにも数多く取り上げられ、「THE」のヒット商品の一つとなっています。アイデアのヒントは、身の回りにたくさんあるはずなのです。

定番とブームの分かれ目

流行というものは、いっときのことのように思いがちですが、二パターンに分けることができます。一つは、過去が蓄積されていく過程で生まれ、やがて定番化する可能性もある流行。もう一つは、瞬間風速の流行です。そこを見分けなければなりません。

流行と似た言葉に「ブーム」というものがあります。瞬間風速の流行とは、ブームになるということです。ブームというものは、過ぎると古く感じるという法則があります。だからこそ、定番を生み出すには、ブームにしてはいけません。

「ナイキ」のエアマックスはかつて大ブームを巻き起こしました。あまりの人気に「エアマックス狩り」などと呼ばれた強奪事件が起こったほどでした。その反動で、ブームが沈静化してからも履いていると、どこか恥ずかしい感じもしました。

この「終わると、恥ずかしい」感覚が、ブームに特徴的なものです。「それ、まだ持っているの？」ということになってしまうので、定番を目指すなら、できる限り「ブームにしない」ことが大切です。

飽きられないためには、ブームになればなるほど、ブームにしない努力をすること。反比例させる努力が必要です。ちなみにエアマックスは、かつてのブームから時間が経ったことで、またリバイバルが来ているようです。ここでうまくブランドをコントロールできれば、スニーカーの定番商品となることができるかもしれません。

ブームを抑える方法自体は、さほど難しいことではありません。多くのメーカーがやっていることは、ブームになったら流通量を減らすという方法です。減らし方次第ではさらにブームを過熱させてしまう可能性もあるので、さじ加減は難しいのですが、たとえばお酒の流通量の抑え方は、とても上手です。

二〇〇三年～〇四年頃にかけて、空前の焼酎ブームが起きました。中でもプレミア焼酎として知られる「森伊蔵《もりいぞう》」「村尾《むらお》」「魔王《まおう》」は、その当時、あまりの人気から幻の焼酎「３Ｍ」と呼ばれ、どんどん高値で転売されるようになりました。このとき、需要に合わせて工場を大きくすることも可能だったはずですが、流通量をコントロールして販売することで希少性を生み、一時のブームが去ったいまも、価値ある焼酎としてその地位を保っています。

腕時計も同様です。たとえば、「パテック フィリップ」というブランドの時計の定番であるカラトラバというシリーズは、ある百貨店の時計売り場で年間に一本入るか入らないかであると聞きました。

このように、ブランド力のある企業は、ブームにしないために流通量をコントロールしている可能性が非常に高いのです。

長い流行をつくるために必要な三つの要素

定番とは、言い換えれば、「長い流行」であると言えるかもしれません。

ブームと定番のいちばんの違いは、その人気が持続する期間の長短です。たとえば、夏目《なつめ》漱石《そうせき》や太宰《だざい》治《おさむ》といった作家の小説は、いまでも繰り返し読まれ、長い期間、人気が持続しています。

一方、いわゆるエンターテインメント小説の分野は、いっとき爆発的に流行するけれど時代が変わると読まれなくなってしまうことがあります。直木《なおき》賞の名前の由来となった直木三十五《さんじゅうご》の小説を読んだことのある若い人が、どれだけいるでしょうか。

ブームになって一度は買ってもらえるけれども、二度は買ってもらえないという商品は、世の中にたくさんあります。

なぜそういうことが起こるかといえば、本質的な商品づくりやブランディングができていないからです。機能デザインが満たされないまま無理矢理つくられたブームは、短命に終わります。

ブームを経て定番化したものといえば、どんなものがあるでしょうか。

ペットボトルのお茶。発売当時は、誰が買うんだという声もありましたが、いまやコンビニの棚の大きな面積を占めています。

イベントごとだと、ハロウィンも定番化しつつあります。これは、いまがブームの最高潮と言えるかもしれませんが、今後も定着していきそうです。

スイーツなら、最近だとパンケーキでしょうか。ハワイのパンケーキ店「エッグスンシングス」が初上陸し一大ブームを巻き起こしてから六年近く経ちますが、専門店はさらに増え、レストランのスイーツメニューの一つとしても定着しつつあります。

こういったものを見ていくと、長い流行に至るものには、次の三つの要素が含まれていると感じます。

①イノベーション
②ありそうでなかったもの
③許容値が高いこと

「①イノベーション」とは、革新的なもの、新しいものという意味です。当たり前ですが、いくら定番商品をつくるからといって、すでにある商品と同じものをつくってもあまり意味はありません。

ただ、誤解してはいけないのは、イノベーションとは、「まったくゼロから一を生み出す」という意味ではないということです。

たとえば、蒸気機関の発明は画期的なものでした。しかし、これも要素に分解して考えてみると、まるで見たこともない新技術だったというわけではありません。

蒸気による圧力を利用してものを動かすことは、日常の場面でも気付くことができます。たとえば、お湯が沸《わ》いたやかんから蒸気が出てフタがカタカタと動いているのは、誰でも見たことがあるでしょう。これと車輪を動かす仕組みを結びつけることで、蒸気機関が生まれました。

要するに、これまであったものの「組み合わせ」と言えます。

なぜ、このことを強調するかというと、まったく新しいもの、使い方を想像もできないようなものだと、人はなかなか受け容れてくれないからです。見たことがないものはいきなり定番にはなりにくく、どんなにその商品がよいものであっても、時間が経つ前になくなってしまうことのほうが多いと感じます。

たとえば、水やお茶は、昔から家庭で普通に飲まれていたものでした。それが軽量のペットボトルに入ることで、水筒より持ち運びしやすく、フタをしながら少しずつ飲めるというメリットが加わります。

それだけなら、家の水やお茶をペットボトルに入れればいいという話になりますが、さらに、「○○の天然水」「生茶葉からうまみを抽出」「老舗○○園のお茶」といったこだわりの付加価値が加わったことで人気を得、やがて定番化するようになりました。

近年は、ただの水では飽き足らず、フルーツなどの風味のついた水や炭酸水も、各社から出されています。そういえば一五年ほど前、とある飲料メーカーの方と雑談していたときに、フレーバー付きの水はどうかと提案してみたことがありました。結果は、即却下。

確かに当時はまだ、天然水のペットボトルがようやく複数店頭に並ぶようになった時代でした。日本各地の名水→海外の天然水→海外のいろいろなパッケージの水→レストランなどで海外の炭酸水を飲む……といったふうに、「水のバリエーション」が広がったいまだからこそ、「フレーバー付きの水」を受け容れられる土壌ができたのでしょう。

これまであったものの「組み合わせ」が長い流行の秘訣《ひけつ》であれば、定番商品をつくるには、「②ありそうでなかったもの」を意識することが大きな鍵ではないかと思っています。

たとえば、iPhoneを、ウォークマンもパソコンも携帯電話も知らない状態で渡したらどうなるでしょうか。「アイコンをタップして」などと言われても、だれも使い方が分からず、売れないのではないかと思います。

外で電話もネットもできて、音楽も聴ける。さらにアプリを入れることでさまざまなこともできる端末に対するニーズが高まってきたところで、iPhoneは、それらをまとめて一つにしたことや、ボタンのない斬新なデザインでありながら、使いやすくしたことが画期的でした。

つまり、ぼくたちが定番というものを築き上げるには、これまでにあったものを、いかに真摯《しんし》に見直すかという作業が、とても大切なのです。逆に、ゼロから定番をつくることは博打《ばくち》のようなものです。

しかし、この「ありそうでなかった」というのは、意外に難しいところです。もうすでにあるもの、ではダメだからです。

定番とは、未来から見て当たり前のものを、いかに生み出せるかということです。

ハロウィンがここまでのブームになったのも、ありそうでなかったイベントだったからではないでしょうか。日本にはもともと、海外のものをうまく取り入れる土壌があります。お正月やお盆も大切にしますが、バレンタインデーやクリスマスもいまや一大行事です。

しかし、みんなでただ大騒ぎできる年中行事は、意外となかった。昔であれば地域のお祭りが当てはまったかもしれませんが、都市部の生活には馴染《なじ》みません。ハロウィンの本来の意味はもちろん、仮装してお祭り騒ぎをすることではありません。ですが、もともと原宿《はらじゅく》ファッションやコスプレ文化が根付いていた日本では、一部の人たちだけが楽しんでいた仮装を大手を振って楽しめる日として、変換されたのです。

「③許容値が高いこと」というのは、時代に合わせるための変化を受け容れても、本質が変わらないような強さを持っているということです。言い換えれば、「柔軟だけど、ぶれない」ことです。

「リーバイス５０１」はジーンズの定番ですが、一八九〇年に生まれた当時のものと現在売られているものでは、形が違っています。最初はベルトを通す穴もありませんでした。その後も、その時々のスタイルを入れて形を変化させてきました。時代の嗜好や必要とされる機能に合わせて、マイナーチェンジを繰り返しながらも、「５０１」であることに変わりはない。

それを可能にするには、製品の質やコンセプトなど多くの点について、完成度の高さが必要になります。ある部分を変えたらまったく別のものになってしまうのでは、長い時間をかけて定番商品として生き残ることはできません。

少しくらい時代に合わせても、本質的な部分は動かされない。そういう、変化を許容できる度合いが大きいことが、定番には必要です。

多視点で見ることの重要性

本章では、ぼくたちなりに考えた、定番商品となるための条件を見てきました。けれども、ではこうした条件を満たせば必ず「売れる」定番商品をつくれるのかというと、そんなに簡単なものではありません。

定番商品を売れるようにする、ということに対して、ぼくの専門であるデザインの視点からできる最後のポイントは、ブランド力を培うことです。

第1章で、定番商品を売るのはとても難しいことだという話をしました。派手さのない定番商品を売るためには、消費者の人たちに商品のよさを伝える努力が、より一層必要となるからです。

ぼくは、ブランディングとは「見え方のコントロールである」と考えています。定番商品を売れるようにするためには、ブランド全体を通して、なぜその商品が定番たり得るのかを、より多くの人にアピールできるようにしていかなければなりません。

そのためには、徹底的に「多視点から見る」ことが必要です。

定番というものをブランドという観点から見た場合、いちばんの特徴は、できるだけ多くの人が欲しいと思ってくれなければならない、ということです。つまり、極論すれば老若男女みんなが、その商品を「自分のためにつくってくれた」と思ってくれる必要があります。

常に複数の視点を意識して、どんな人から見てもいい商品になるようにすること。グラスをつくるとして、飲みやすさはどうか。男性女性どちらにとっても持ちやすいサイズか。子どもが使う場合のサイズ感としてはどうか。洗う人の立場になってみたとき、洗いやすさはどうか。プレゼントとして見たとき、贈る側から見て選びたくなるものになっているか……。多視点で見ることは、誰にでも喜ばれる商品を生む近道です。

そのうえで、商品のデザインやパッケージデザインだけでなく、店頭でのコミュニケーションやウェブ、取材を受けたときの言葉の選び方まで、ブランドとしての見え方のコントロールをさまざまな要素で積み重ねていく必要があります。ブランドは、小さなたくさんの努力の蓄積によってしか、醸成されていかないからです。

こういった努力と同時に、「売れる」商品をつくるには、欠かせない要素があります。

それは、売るための「仕組みづくり」。

いくらいいアイデアを思いついても、いくらいい商品をつくっても、売れるための仕組みが確保できていなければ、売れる状態を生み出すことはできません。

狙い通りのものを生産してくれる工場探し。細部へのこだわりも実現してもらえるような、製造元との信頼関係づくり。安定的に生産できる体制の確保。さらに、どういうルートで販売していくのか、流通の仕組みをつくること。

「売れる定番商品」は、戦略的に仕組みをつくらなければ、実現しません。

以降の章では、これらの点についても、一つずつ解説していきたいと思います。

第4章　定番の「形」はどのようにして生まれるか

（鈴木　啓太）

定番デザインを生む思考プロセス

世の中の「スタンダード（定番）」になるようなもの。

これが今、多くの人が最も求めているものです。僕のデザイン事務所であるプロダクトデザインセンターには、グラスのような日用品から、スマートフォン、カメラ、家電、大きなものでは鉄道車両まで、さまざまなプロダクトの依頼があります。それぞれ異なる業種の人たちが口を揃《そろ》えて同じことを言うのです。

「これからの時代のスタンダードになるようなプロダクトが欲しい」と。

少し前まで、デザイナーには〝かっこいいデザイン〟を期待する時代が長く続いてきました。美しさは世界を変える、と多くの人が思っていたような気がします。でも、ふたを開けてみたら、そのような期待した未来は訪れませんでした。

デザインブームは「デザイナーズ○○」をたくさんつくりだしたけれど、花火のように消えてなくなりました。ものが売れなくなってくると、製品には鮮度が必要だと、新しいものを、もっと新しいものを……と開発競争に明け暮れました。みんなが焦っていたように思います。

それがこの五年間ぐらいの出来事でしたが、最近になって、新しいものから変わらないものへ、人の志向が移ってきたのを感じます。

今の世の中は、とても良い方向に向かっていると思います。ものを大切に使いたい。本当に気に入っているものを手に入れて、長く使っていきたいと多くの人が思っています。人々が等身大の生活を楽しむようになってきているのです。

そんな時代の空気に、メーカーの人たちも反応しています。定番となり得るような製品づくりに、本気で向き合う必要があると考えはじめているのです。

では、どうしたら、スタンダードになるようなものがつくれるのでしょうか。

第2章で取り上げた「イームズシェルチェア」は、一九四八年にハーマンミラーが大量生産の仕組みを整えると、瞬く間に世界に広まり、現在まで六〇年以上にわたるロングセラーとなりました。

世界で最も普及した椅子とも呼ばれるこの「イームズシェルチェア」。多くの人は、ずっと変わらない、普遍的で素晴らしいデザインだと感じていると思います。しかし、実はこの商品のデザインは、ずっと変わりつづけているのです。そして、その更新こそが定番でありつづけられる理由なのです。

六〇年という時間は、住環境も働き方も、人の体格までも変えました。現代の社会や人々が求める椅子の姿は、六〇年前とは同じになりません。ですから、この椅子をよく見ると、常に品質改良が加えられてきたことが分かります。

足の先端のパーツは、壊れにくく、床を傷つけない素材に変わりました。シートの素材も環境に配慮して何度も変わっています。素材や製造方法に合わせた最適な形に変更されているのです。

イームズシェルチェアは、いつの時代も更新されてきたのです。そのために、今も「美しい骨董《こつとう》」にならずに、定番の椅子として輝いているのです。

イームズのように、時代に合わせて、機能やサイズや素材を見極め更新することは、長く定番であるための方法論の一つとも言えます。この手法は定番の「継承」のためだけでなく、新しい定番を「創造」するためにも有効に使えるものです。

定番というのは、歴史の積み重ねにより生まれるものです。すでにある定番品は、その時間をくぐり抜けてブラッシュアップされてきました。これはイームズシェルチェアだけでなく、デュラレックスのグラスなどにも同じことが言えます。無駄がそぎ落とされ、必要な要素が残されています。

定番品となりうるものをつくろうとするときには、現時点で一つの解となっている典型から学ぶことは必要不可欠です。形であれ、機能であれ、すでにあるスタンダードを見つめることで、そのものに本当に必要なことが見えてきます。

そのうえで、現代に必要な機能を足したり（逆に不要なものはそぎ落とし）、日本の商品なら日本人に合わせて調整したり、あるいは環境問題など時代の要請に対応できるような素材にしたり、といったことを考えて新しい「形」に落とし込んでいく作業を進めていきます。そのようにして、未来の定番は生まれていくのだと考えています。

今、残っている定番品には、その分野での一つの完成形が見られます。新しいものをつくろうとするときには、その「定番」を考察して、なぜそれが良いかということをきちんと踏まえたうえで始める必要があるのです。

第3章で述べた、「THE」のものづくりの考え方である「過去を知る」というキーワードは、まさにこのことを言っています。

前章までに取り上げた手法は、さまざまなアイテムに応用が可能です。僕たちはこのやり方で、実に多くの商品をつくってきました。無理してつくりだすのではなく、素直に良いと思える製品をつくりたい。そのために定番から学ぶことを大切にする必要があります。

この章では「THE」でプロダクトデザインするときに、どのようなプロセスで取り組んでいるのかについて、具体的に解説してみたいと思います。

キッコーマンを超えられるか——「THE醤油差し」

食卓で使える良い醤油差しがない。「THE」のメンバーがみなそのように思っていたことから、「THE醤油差し」を開発することを決めました。

「形がきれいなものはあるけど、どれも垂れてしまう」

「垂れないものはあるけど、中身が見えなくて使いにくい」

「THE」の開発は、それぞれの生活者としてのこのような不満から始まることもあります。

醤油差しの定番といえば、だれもが思い浮かべるのがキッコーマンの卓上ボトルでしょう。発売されたのは一九六一（昭和三十六）年、日本のデザイン史に残る名作と言われています。

キッコーマンの卓上ボトルは、ＧＫデザイン研究所を設立した榮久庵《えくあん》憲司《けんじ》さんという、日本のプロダクトデザイン界のパイオニアがデザインしたものです。榮久庵さんは、成田エクスプレスを始めとする鉄道車両や東京都のいちょうのロゴマークなどでも有名な方ですが、残念ながら昨年（二〇一五年）亡くなられました。

キッコーマン卓上ボトルは、戦後の高度経済成長の波にのって、食卓の風景の一部になりました。その理由は、何と言っても完成度の高さにあるでしょう。持ちやす

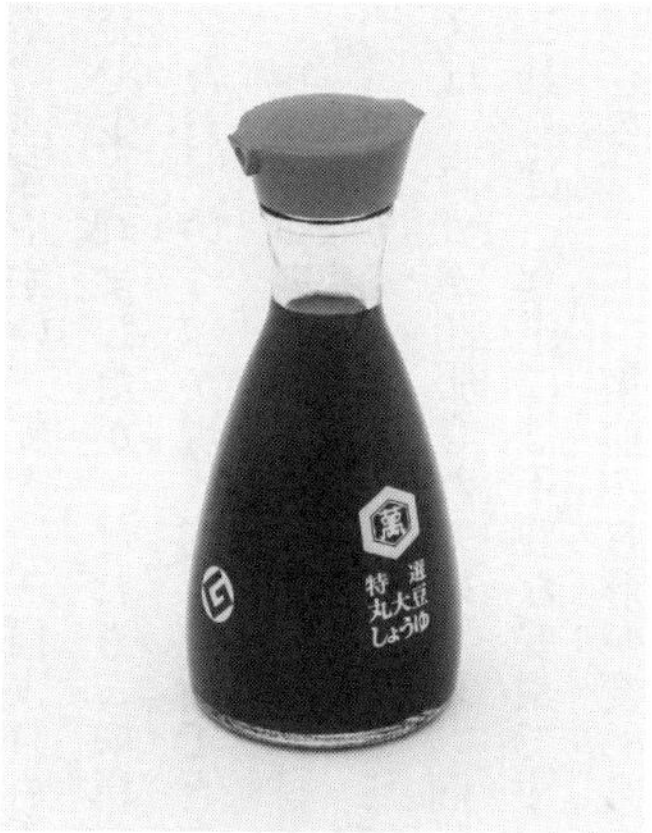

キッコーマン 卓上ボトル

く、注ぎやすい。丈夫で、何よりも垂れない。いろいろな〝デザイン〟醤油差しが後発で生まれましたが、どれもこの卓上ボトルを超えられていないように思います。

ただ、いくつか現代的に更新できるポイントがありました。

卓上ボトルは、買ってきてそのまま食卓に置けるというコンセプトでつくられました。ですから、商品パッケージとしての要素がデザインに盛り込まれています。たとえば、ロゴが誇張されていたり、商品情報がくわしく記載されていたりするのです。これらは、食卓には不要な要素です。

さらに、五〇年前から形が変わらないボトルには、製品思想として現代には合わなくなってきた部分があります。定番の「キッコーマン卓上ボトル」をその観点から更新できるかもしれないと思ったのです。

五〇年間も定番でありつづけた名作を、どう変えるか。それは、丁寧な考察から始まります。僕たちはまず自由なディスカッションをすることで、アイデアの火種を探していきます。そこで、いくつかの注意すべきポイントが見つかりました。

一つめはサイズです。

この五〇年で僕たちの食生活は変わりました。パンや洋食を食べることが増えたため、毎日和食を食べ、醤油を使うわけではありません。また、食べ物への関心は、量より質が重視される時代になりました。調味料の保存にも、繊細さが求められています。醤油が「酸化しない」ことを売りにするパッケージも登場しました。

そんな「潔癖な」現代において、この卓上ボトルは大きすぎるのです。登場したときは適切な大きさであっても、現代ではこの量を使い切るまでに醤油が酸化してしまいます。鮮度が落ちないまま使い切ることのできる小さなボトルにしなくてはならないと考えました。具体的には、冷蔵庫の卵ケースに収まるくらいの大きさを想定したのです。

二つめは色と素材についてです。

ご存じのとおり、キッコーマンの卓上ボトルには赤いプラスチックのキャップが付いています。この赤いキャップには、他の調味料と醤油を区別するための機能デザインと、「キッコーマン＝赤」というイメージを刷り込むブランドデザインの両方の意味があり、どちらも成功していると言えます。

しかし、現代の食卓においては、赤色はいささかノスタルジーを感じさせますし、プラスチックという素材も食卓に高級感を与えるものではありません。

現代を一言で表わせば、「素朴の美」の時代です。テーブルは無垢《むく》の板が最も美しいとされ、デザインオークションでは、アメリカの家具デザイナー、ジョージナカシマの無垢材のテーブルに人気が集まります。器は土や木など素材を活かしたものを取り入れるのが主流となり、世界一のレストランと称されるデンマークの「ノーマ」では、釉薬《ゆうやく》のないシンプルな土の器で料理が提供されます。カトラリーもステンレスから銀（シルバー）でできたシンプルなものに戻ってきました。

オーガニックブームも同じで、食に関する分野では、素材の質が問われるようになっているのです。

そうした志向の現代で、着色されたプラスチックという素材は、食卓に置かれて気持ちのよい素材ではありません。さらに、醬油と同系色の「赤色」のキャップは汚れが分かりにくく、清潔さという観点からも不安が残ります。

そこで、そうした機能と時代感の観点から、ボトル部分とキャップ部分の素材は、美しいガラスで揃える必要があると考えました。見た目も美しく、光に透《す》かせばどの角度からでも醤油の鮮度が確認でき、安心できるのです。

三つめが、醤油差しの本質でもあり、最も注意すべき点、「垂れない」を突き詰めることです。

後発のボトルがキッコーマンを超えられなかったのは、実はこの垂れないという点が大きいのです。醤油差しにおいて垂れないことは必須の機能で、この精度に人は感動します。

まず今、市場にあるガラスの醤油差しを全部集めて、実際に使ってみるところから始めました。だいたい四〇種類くらいはあったでしょうか。

そうしてあらゆる醤油差しを見てみると、垂れやすいものとそうでないものの差は、口の形状にあって、そこには注ぎ口（先端）が点であるか否かということが関係していることが分かってきました。注いでいくときに、点ではなく広い面積から醤油がドボドボと出てしまうものは、必然的に垂れやすくなります。

そしてもう一つポイントがあって、それは醤油が垂れるシーンが二回あるということです。一回は注ぐとき、二回目は注ぎ終わって傾けた醤油差しを戻すときです。先端に残った醤油がうまく戻れるかどうかが、垂れに影響するのです。

最初に述べた注ぎ口が点かどうかは主に一回目の垂れに影響していて、実はこの部分しか考えられていない醤油差しが多いのです。出るときは「点」で、戻るときは受け取る「面」が必要になるわけですが、そこが機能していなかったのです。

言ってみればシンプルなのですが、おそらくこれまで醤油差しをつくってきた人たちも意外に分かっていなかったのではないでしょうか。けれども、こうして過去につくられたものを見ていくとそこから導き出すことができる課題なのです。

「THE醤油差し」では、この両方の条件を満たすように、ふたの形状を工夫しました。ふたの裏面に二つの山がつくられていて、注ぎ口のほうにいくほどその間隔が狭まり、最終的に点になっています。

THE 醤油差し

一方、逆側は広くなって、かつ傾斜を付けて、うまく醤油が戻るように設計しました。ここが非常に大事なポイントになっています。

イメージとしては、容器の側ではなくふたの側が醤油を受けるほうになっているのです。表面張力によって容器の裏側に醤油を伝わらせる仕組みで、これは戻るときも一緒です。キッコーマンのものは容器とふたの組み合わせではなく、プラスチックのふたに穴が開いていて、それが注ぎ口になっているので、形は似ていても考え方はまったく違うものです。

第5章で米津さんが説明していますが、

実はこのふたの形状を、精度を維持しながらガラスでつくるのは、技術やコストの面で非常に困難なことでした。そのこともあって、醬油差しのふたの形状は、あまり昔から変化していないのかもしれません。

また、キッコーマンのボトルにはない新しいデザインもしました。それは底の形状です。素材であるクリスタルガラスを活かして、底を極限まで厚くしました。底面を重くすることで転倒防止になりますし、適度な重さがグリップ感も生み出します。

こうした形は、模型をつくって重さとフォルムのバランスを丁寧に検証していきます。こうしてできたデザイン模型を、プロダクトデザインではモックアップと呼んでいます。この精度が、最終プロダクトのクオリティの高さにつながります。

ここまで書いてきたように、デザインのポイントは、自分、すなわちデザイナーの主観や内なる想いから出てきたものではありません。これまでだれもが定番だと思ってきたキッコーマンの卓上ボトルを観察して、そこから多くの人のニーズを読み解き、どういうデザインをするべきかを考察した結果なのです。

キッコーマンのボトルの形状も、遡《さかのぼ》れば一八〇〇年代にイギリスの陶器メーカーウェッジウッドが完成させたといわれている、注ぎやすく倒れにくい花瓶のフォルムそのものです。すでにあるモチーフに似せたのではなく、機能を追求してデザインをしていくと、ある「型」のようなものに行き着くことがあるのです。この形は、注ぐという機能を実現するため、一つの典型であるということができるかもしれません。

何を変えるべきか、何を外してはいけないのか。その見極め力が、定番を生み出す一つの秘訣だと思います。

バウハウスの傑作を更新する——「THE STACKING STOOL」

次に紹介するのは「THE STACKING STOOL」です。スツールとは、背もたれのない椅子の総称です。切り株に人が腰掛けたときからスツールの歴史が始まったといわれており、最も原始的な形の椅子の一つでしょう。

スツールとチェア（背もたれ付きの椅子）との最も大きな差は、用途にあります。スツールは、腰掛けることはもちろんですが、背もたれがなく全体が箱のような形状であることから、座る以外の使われ方をすることが多いのです。物を置いて使うテーブル的要素、踏み台として使う脚立的要素、物を収める場所として使う収納家具的な要素……、その他にも使い道はありそうです。シンプルであるがゆえに、さまざまな用途で使うことができ、とても重宝します。

歴史の長いスツールには数々の定番・名作と呼ばれるものがありますが、その一つが「ウルム・スツール」です。最少の素材で最大の機能を実現させていることが、名作と呼ばれる所以です。

ウルム・スツールをデザインしたマックス・ビルは、バウハウスの流れを汲《く》むウルム造形大学の初代学長です。学生が使う道具として、この椅子をデザインしました。バウハウスとは、一九一九年にドイツに誕生した美術と建築の学校です。合理主義と機能主義を推奨し、現在のデザインの礎《いしずえ》になっているということができます。

ウルム・スツールも、そのような思想に基づき、超合理主義のもとにつくられています。三枚の板を「コ」の字型につなげ、対になった二枚の横板に、一本の丸棒を構造材として貫通させることで強度を保っています。

THE STACKING STOOL（左）とウルム・スツール（右）

また、このスツールは学校という特殊な場での使われ方に着目しています。

スツールを逆さにすると、座面であった板には荷物を置くことができ、その際に構造材であった丸棒はハンドルとして機能します。おそらく、教科書や道具を入れてそのまま運ぶためのデザインなのでしょう。

素材と製造法にも、工夫がこらされています。軽い木材を使いつつ、先端には「反《そ》り止め」と呼ばれる硬い木を、木目の向きを変えて取り付け、経年変化で木が反ってしまうことや、削れてしまうことを防止しているのです。

三枚の板には「あられ組み」と呼ばれる、両手の指を組み合わせたような組み方で強度をもたせており、少々乱暴にあつかっても大丈夫なようになっています。これにより管理が楽になったに違いありません。

シンプルでありながら多用途に使える優れた機能を持つウルム・スツールは、今では多くのオフィスや家庭で使われています。これは素晴らしいことですが、そうなると、学校用途でつくられたデザインには、ほころびが生まれてきます。ウルム・スツールの洗練された構造を活かしながら、それらを修正して住居やオフィスへと機能の軸をシフトさせていけば、現代のスタンダードスツールがつくれるのではないかと、僕たちは考えました。


やったことは、大きく三つです。

一つめは、積めるようにすること。

マックス・ビルのウルム・スツールは、素朴で美しく便利なものですが、住居やオフィスでは、一つの問題が顕在化します。それは、積んで収納することができないということです。

ウルム・スツールは、持ち運ぶという機能を重視したため、ハンドルにあたる構造の棒が約二六ミリと細く、断面が丸くなっています。そのまま積んでも、当然、安定して収納することができません。

僕と水野さんは、この椅子のユーザーで、いくつも持っているのですが、二人とも同じことを考えていました。スツールは常時使っているものではないので、使わないときはできるだけ場所を取らずに置いておきたい。けれども、積むことのできないウルム・スツールは並べて置いておくしかありません。

オフィスや住居が決して広くはない日本において、家具はいかにスマートな存在であるかが重要です。テーブルは、エクステンションと呼ばれる天面のサイズを必要に応じて変える機能が重視されますし、椅子は使わないときには積むこと（スタッキング）が重視されています。椅子の種類には、スタッキング・チェアという確固たるジャンルが存在します。収納は、家具の重要な機能なのです。

積める、というコンセプトは、そのまま商品名にしました（商品名は直球が良い。定番とされている商品は、ほとんどが分かりやすい名前で売られています）。

そして、ただ積むだけではなく、積み方を工夫しました。

日本は地震国であるため、転倒を防止するための構造や工夫が得意です。テレビのデザインでは、転倒角と呼ばれる、揺れで倒れにくい角度設計をしています。

このスツールでも、多少の揺れでも倒れない積み方を考えました。九〇度ずつ向きを変えて積むことで、上下のスツールはしっかり嚙《か》み合い、強固に固定されます。さらに、積むための構造板の高さを調整し、柱のように隙間なく積めるようにして、収納の際の美しい見映《みば》えも考えました。ここまで完成度高くスタッキングできるスツールは、これまでになかったはずです。

二つめは、サイズです。

ウルム・スツールは、座面の高さを四四〇ミリに設定していますが、「THE STACKING STOOL」は四二〇ミリにしています。このたった二〇ミリ（＝二センチ）は、使いやすさを大きく変えます。

海外の有名家具メーカーは、ヨーロッパやアメリカでつくられた椅子を日本で販売する際には、家具の足を切って短くしています。欧米人と、アジア人の日本人ではそもそも体格が違います。家具のサイズを調整し、地域ごとの身体に「最適化」させることで、どの地域でもスタンダードチェアになるようにしています。

さらに、日本人は部屋の中では靴を脱いで生活します。住居に最適化させるためには、さらに低くなっていなければなりません。このような工夫は、前述したイームズだけでなく、多くの名作家具で行なわれています。

「THE」の商品は、サイズについて、特徴的とも言えるこだわりをもっています。それは、今、世の中でスタンダードとされているモジュールにできる限り合わせるということです。

モジュールとは、たとえばA4、B5といったAサイズやBサイズなどの紙の規格を指します。この汎用《はんよう》モジュールを採用すると、たとえばスツールであれば、本をぴったりと収納することができたり、書類をスツールからはみ出すことなく置くことができるのです。

このように、サイズの観点からデザインを見直して更新していくことは、定番づくりにおいて重要だと考えています。「THE STACKING STOOL」の高さである四二

○ミリという長さは、実はA3の長辺に当たります。つまり、このスツールは高さはA3、幅はA4の大きさになっているのです。

三つめが、素材です。

ウルム・スツールは、スプルース（米唐檜《べいとうひ》）をメインにして、補強としてビーチ（ブナ）を使ってつくられています。スプルースというのはシベリアでたくさん採れるので、ヨーロッパでは安価に手に入り、よく使われてきました。ウルム・スツールがこの素材を使ったのは、おそらくコストの面から考えられた結果だと思います。

この木材は、今の僕たちからすると、あまり良い素材だとは言えません。柔らかくて傷が付きやすいからです。木の繊維が詰まっていないので弱く、飲み物をこぼすとシミになってしまいます。生徒全員の共有物ならまだ許容できるでしょうが、個人の持ち物としては、汚れやすく傷つきやすい椅子は、優れた椅子とは言えません。その欠点を考慮して、「THE STACKING STOOL」には、硬質で、現代のインテリアマテリアルで定番とも呼べる「オーク」を材料に選びました。オークは、京都のハイアットリージェンシーで採用されたことで、日本で人気に火がついた材料です。端正な美しさが、不思議と日本らしさを感じさせます。

すべてのディテールには理由があります。とりわけ定番となる製品には理由のないディテールはありません。「THE」の商品開発においては、細部に至るまで「その根拠は何か?」と、いつもメンバーで協議しながら決めていきます。

歯ブラシはなぜ立たないのか——「THE TOOTHBRUSH」

皆さんが毎日使う歯ブラシ。その歴史は長く、現在の歯ブラシにつながるような牛の角に馬の毛を植えつけたものが、十三世紀の中国ですでに使われていたとの記述があります。しかし、板状のものにブラシを埋め込むという基本的な構造や形には大きな変化は見られません。

歯ブラシの産業革命は一九三八年。デュポン社がナイロン製の歯ブラシを世界で初めて製造したことです。安価で販売されたために、瞬く間に世界中に普及しました。現在コンビニやドラッグストアで販売されているナイロンの手動歯ブラシの歴史は、ここから始まっています。

一方、近年は電動歯ブラシの普及が進みました。もともとは障害を持つ人のための器具として一九六一年にアメリカで開発されたものですが、二〇〇〇年頃から健康意識への高まりを受けて、世界中で普及率が上昇しました。

こうして歯ブラシの歴史をひも解いてみると、さまざまな発見があり、あまり変化がなさそうだと思われている歯ブラシにも、新しい定番をつくるために変えるべきポイントが見えてきました。そうして開発を始めたのが「THE TOOTHBRUSH」です。


僕たちは、新しい定番歯ブラシの条件として、三つのことを考えました。

一つめは、「立つ」ということです。

電動歯ブラシが普及するにつれて、歯ブラシは自立しているものという、新しい風景が生まれました。電動歯ブラシは自立する、というより、自立する構造になってしまっているといったほうが正確でしょうか。

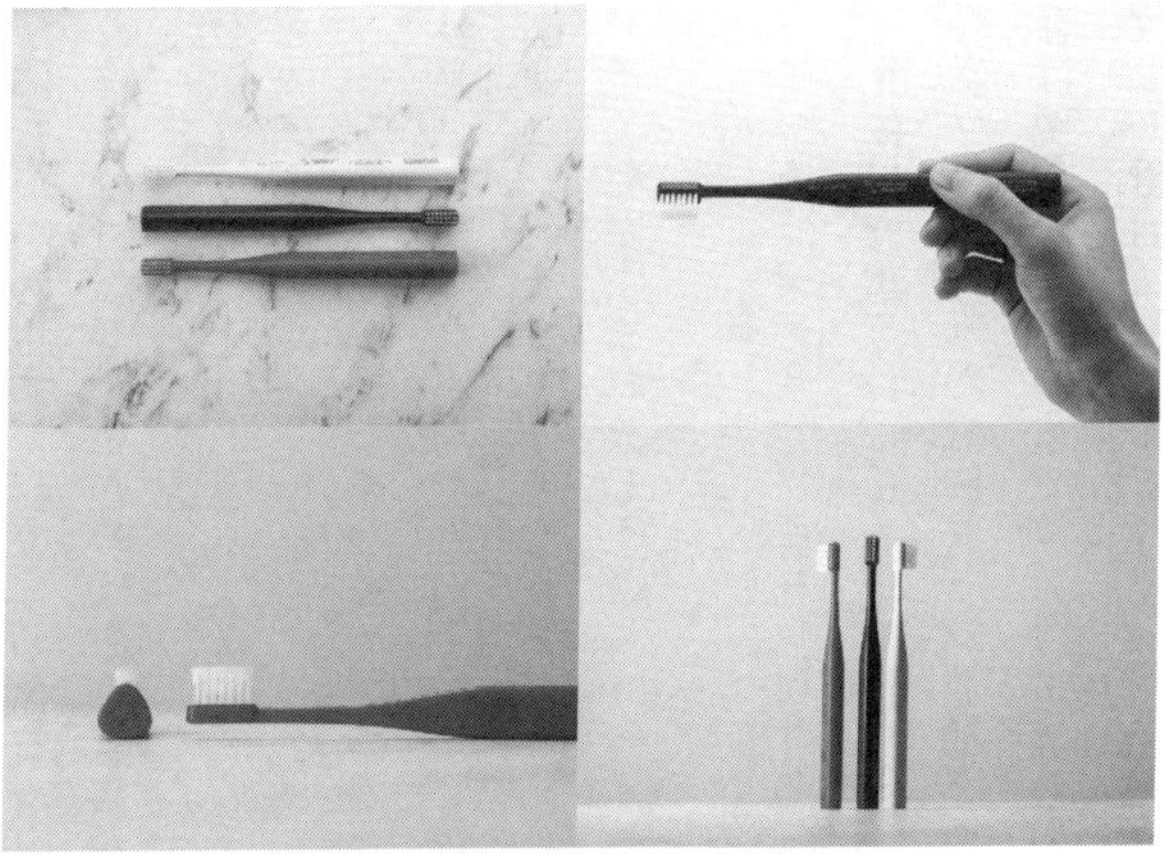

THE TOOTHBRUSH by MISOKA

モーターとバッテリーをグリップのところに配置した結果、太く、重くなり、結果として歯ブラシに「立つ」という新しい機能を与えました。

電動ではない普通の歯ブラシも、昔から立てて置いておくのが普通でした。コップに歯ブラシを入れておくという人も多いのではないでしょうか。また最近では、シンプルな歯ブラシスタンドが大ヒット商品になっていると聞きます。

なぜ歯ブラシを立てたいかというと、水切りができるので乾燥しやすく衛生的であるのと同時に、洗面所での省スペースにもなるからです。

にもかかわらず、自立する歯ブラシは市場にはありません。子ども用のもので下に吸盤がついたようなものはありますが、それくらいしか見つかりませんでした。それならば、「自立する歯ブラシ」ということが、定番の条件として大きいのではないかと考えたのです。

そこで実際に模型をつくってみると、自立する歯ブラシというのは案外難しいことが分かりました。当たり前ですが、縦に置くので安定感に欠けるのです。そこで電動歯ブラシのモーターさながらに、一〇グラムのおもりをグリップの底に仕込むというアイデアが生まれました。

二つめは、グリップを三角にすることです。

先に見たように、そもそも歯ブラシの形は古くからあまり変わっていません。最初の歯ブラシは木の板にブラシを植えたシンプルなものだったそうですが、基本的な構造は現在もそのままです。今、売られている歯ブラシもグリップに各社工夫を凝《こ》らしてはいますが、板状のものがほとんどです。

そろそろ歯ブラシも「板」から脱却してもよいのではないか。最も握りやすい形を取り入れるべきではないのか、という考えから、グリップを三角形にすることを発想しました。

三角形は、鉛筆のように握るときにはいちばん持ちやすい形だとされています。海外には子ども向けの鉛筆や万年筆など、三角形のものが多くあります。箸《はし》にも三角形のものがよく見られます。

三角形にするメリットは握りやすさだけではありません。三角形は転がりにくいという特徴があります。そこで、先ほどの「板からの脱却」です。

歯ブラシを立てておきたくなるのは、板状であるために、いくら上を向けていてもブラシの底部分が下に着いてしまう不安があり、不衛生に感じるからです。ならば、転がりにくい三角形にしたうえでブラシ部分をすこし浮かすようにすれば、たとえ寝かせて置いたとしてもブラシが下に着くことがなく、衛生面での不安は払拭《ふっしょく》できます。

三つめは、歯磨き粉を必要としない歯ブラシにすることです。

歯を磨くときには歯磨き粉をつけるというのが当たり前ですが、僕たちがコラボレーションした「MISOKA」というブランドには、ナノミネラルコーティングという技術があります。歯磨き粉を使わず水だけで歯の汚れを取り、さらにコーティングして新たな汚れをつきにくくするという技術が、新しい歯ブラシを実現しています。

このナノミネラルコーティングという先端技術を取り入れたことで、電動歯ブラシの普及という現実を踏まえたうえで、昔ながらのローテク歯ブラシを進化させるという試みに成功しました。歯磨き粉を使わず、歯が綺麗になるブラシは、一つの新しいスタンダードになり得ると考えています。

「身度尺（身体尺）」という過去の発見――「THE飯茶碗」

「THE飯茶碗」は、この本では何回も取り上げる事例ですが、プロダクトデザインの面から言うと「サイズの整理」がいちばんのポイントです。

繰り返しになりますが、すでにあるものの中から求められている要素をきちんと読み取っていくことが、定番づくりにおいては大事です。茶碗というのはそれこそ何百年も昔から使われてきているものですから、今さら突飛な形をつくることに意味はなく、本当に使いやすい形がどこにあるのかをきちんと調べ、編集するように商品開発をするのが良いのではないかと考えていました。

そこで、いつも通りに、世の中にある茶碗をできるだけ集めて、一個一個検証をしていきました。ものの形には、つくり手の考え方が反映されています。それらを触ったり使ったりしていると、「ここの重心によって持ちやすさをつくっているのだな」とか「丸みはこのくらいだと口当たりがいいのだな」といった気づきをもらえます。

多くのものに触れることで、先人たちの知恵や思想が蓄積されていきます。それらの中から必要なこと、そうでないことを取捨選択し整理していくと、無理がなく自然で合理的なものができあがると、いつも考えています。

そうした観察と発見を繰り返し、最終的に行き着いたのが、日本人の手のサイズを基準にして形を考えてみるということでした。

「身度尺（身体尺）」という言葉があります。人間の体を基準にして寸法を表わす概念のことです。飯茶碗やお椀の大きさは、昔からこの身度尺をもとにつくられてきました。体の寸法や動きに合わせてものをつくると、人間の使う道具は使いやすくなるという知恵です。

モダニズム建築の巨匠であるフランスの建築家ル・コルビュジエは、「モデュロール」という人体の寸法をもとにした基準で、住宅などを設計しました。昔から人類の知恵として培われてきた「身度尺」は、現代においても人が使いやすいものをつくるうえで有効なものです。

僕はある仕事でブータンによく行き現地の人とものづくりをしますが、彼らには基本的に図面という概念はありません。腕何本分といった感覚で家をつくっています。近代的な設計方法とは言えませんが、間違っているとは言えないのかもしれません。

標準的な大きさの手をした日本人が、親指同士、人差し指同士をくっつけて両手で円を形づくると、その円の大きさは直径一二センチ程になります（図①）。このサイズを茶碗の直径とし、茶碗の高さはその半分の六センチにします（図②）。そうすると、手のひらを上にして親指を立てたときの高さとほぼ同じになり、ちょうど片手で

①

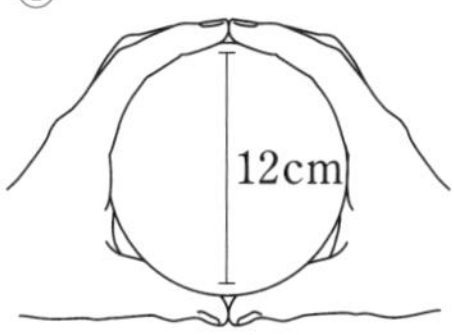

②

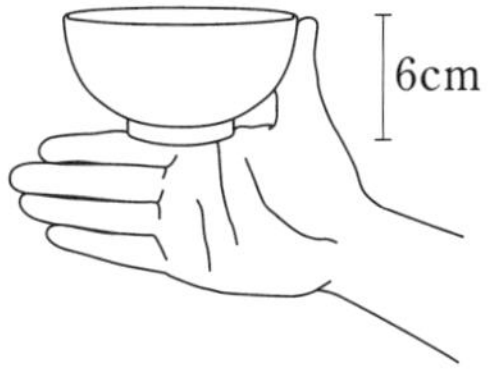

茶碗を確実にホールドできるサイズになります。

標準的な日本人が使ったときに、最も自然で、無理のないサイズになるのです。

僕たちが日本人の手の平均サイズを調べてはじき出したサイズは、結果的にこの身度尺の考え方そのものでした。

こうして考えた茶碗の図面を持って産地にうかがったところ、驚いたことがありました。どの産地でも共通して「四寸（直径約一二センチ）」の茶碗を昔からつくっていたというのです。古くは、お椀は「まり」と呼ばれていたそうです。お椀を二つ合わせると球体になることからきたといいます。そして、昔から良いお椀は二つ合わせたときの球の直径が四寸になるとされていたことも知りました。

産地の職人たちは、「四寸」の理由を意識していたわけではなく、尋ねてみても口をそろえて、「なぜこのサイズの茶碗が昔からつくられてきたのかは知らない」と言い、最近は、新しいデザインに着目しすぎるあまり、そのサイズの茶碗をつくらなくなったとの話でした。

面白いのは、僕たちが検証を繰り返して出した結論が、江戸時代にすでに存在していたものだったということです。茶碗の基本とも呼べる寸法のデザインは、装飾的なデザインが溢れる中で埋もれてなおざりにされていたけれども、本当に使いやすいものを考えていくと、それは昔と変わらないものだったということです。歴史もその価値を証明しているとも言えます。

そういう意味では、茶碗というものはすでに「完成されていた」と言うことができます。人が使ってきた道具は、これまで幾多の発明と淘汰を繰り返した結果、もう「これ」というサイズがあるのです。

そうした検証と発見のプロセス自体がデザインだったと言えるかもしれません。

これは他の製品にも当てはまることです。スマートフォンもこの五年ほどの間に、手にちょうどいいというサイズが分かってきました。現在は画面サイズが拡大傾向にありますが、ここを外すと長く定番になるようなものはつくれないということも考えられています。

本当に使いやすいサイズとは何か。それを精査するヒントが、この「ＴＨＥ飯茶碗」をつくる過程にあったのです。

「デザインをしない」というデザイン――「ＴＨＥ椀／大椀」

茶碗では期せずして、過去の「ＴＨＥ＝定番」を再発見したわけですが、それを意図的にやったのが「ＴＨＥ椀」と「ＴＨＥ大椀」です。「意図的」というのは、実際には僕らはほとんどデザインをしていないのです。

実はお椀には意外と多くの大きさの種類があり、一概に定番というものを設定しづらいのです。そこで僕らは、家庭でお味噌汁を飲むような一般的な意味での「椀」と、会席料理で煮物を入れるような少し大きめの「大椀」の二種類で「ＴＨＥ」を探そうということにしました。

そして一般的な「椀」のほうは、文字どおり一般的なものを目指すため、すでにあるお椀を一〇〇種類以上取り寄せて分析し、最もお椀らしい形を導き出しました。

実際に机の上に一〇〇種類以上のお椀を並べて、水野さん、中川さん、僕の三人で三〇分くらい眺め、同時に「これ」というものを指さそうということにしました。すると、全員が同じものを指したのです。実際につくったものは、これをもとに多少の調整を施したものになっています。

一方の大椀は、用途からも、歴史的な名品が現代でも「THE」となるだろうと考えました。僕らが選んだのは、北大路魯山人《きたおおじろさんじん》がつくった「日月椀《じつげつわん》」というお椀です。日月椀は、北大路魯山人と、加賀・山中塗の名塗師である二代目辻石齋《つじせきさい》が大正十四年頃に共作した、お椀の傑作です。和紙を漆《うるし》で張り塗り上げる「一閑張り《いっかんば》」と呼ばれる技術を使い、金箔《きんぱく》と銀箔《ぎんぱく》でそれぞれ太陽と月を表現しています。

日月椀の形は非常に特徴的で、ふたの曲線など存在感のある美しい形をしています。この名作の形はそのままに、金銀の箔は家庭で使うには装飾的すぎるだろうということで、普通の朱と黒の漆塗りにしたものが「THE大椀」です。

魯山人と共作したのは二代目ですが、現在は五代目の辻石齋さんがいらっしゃるので、おそるおそるお願いしにいったところ、快くお受けいただきました。

THE 大椀と THE 椀

日月椀

その際に、辻石齋さんのおっしゃっていたことが面白くて、「時代に合わせて変えていかないとだめなんです。だから今、皆さんが日月は要らないというのだったら、そういうことだと思います。それをやります」と。

このようにして、日月椀の形だけを取りだして更新したものが「ＴＨＥ大椀」です。僕らは表面的な形や模様のデザインはまったくしていませんが、取り組みとしては他の「ＴＨＥ」の商品と同様の姿勢で生まれたものなのです。

第5章　定番をつくるためのプロダクトマネジメント

（米津　雄介）

前章までに、ある商品が定番となるためにはどのような条件が必要か、といったことや、プロダクトデザインとしてどう形をつくり編集していくか、といったことを述べてきました。第3章でも少し触れましたが実際にそうした商品を生み出し、世の中に認知してもらうためには、まだ乗り越えるべきハードルがたくさんあります。

本章では、「THE」が実際にどのように商品を開発し流通しているのかをお見せしながら、定番商品づくりの手法をお話ししていきます。これまでの「定番の条件とは何か」というのが理論編だとすれば、プロダクトデザインとともにものづくりの実践編となる部分です。

「THE」という開発チームの中で僕が担っているプロダクトマネジメントという役割は、企画・デザイン・製造・販売・アフターケアなど、商品やサービスにまつわるあらゆることの橋渡しをすることです。アイデアの段階からお客さんの手元で定番品として愛用していただくまでのさまざまなプロセスの風通しを良くして、最良の結果を出すことが責務と言えます。

「THE」の商品開発はたくさんの要素が集まって一つの商品を実現していますが、

なかでも重要な四つの要素があります。

①情報収集
②製造技術
③製造コスト
④協業メーカーとの取り組み方

以下ではこの四つの要素を中心に、その進め方や問題解決の方法などを、実例を交えてご紹介します。

①情報収集

「そもそも何？」という問いから始める——「ＴＨＥ洗濯洗剤」

各章でも触れていますが、「ＴＨＥ」の商品開発はモノの本質的価値や社会的意義を徹底的に議論することから始まります。そのため、商品の開発前にそのジャンルに関連する、ありとあらゆることを調べます。

たとえば、これからの洗濯洗剤の定番をつくろうとした「THE洗濯洗剤」という商品があります。その企画会議でも「そもそも衣類を洗うという行為とはどんなことか」「洗濯洗剤とは何か」という、根本的なところから問うようなやりとりがなされました。

僕はアウトドア愛好家で、年間通してほとんどの休日をアウトドアで過ごします。荷物を減らすために洗濯をアウトドアフィールドですることもあるのですが、漠然と環境に悪そう……というイメージから、洗剤を使わずに水だけで洗うようにしていました。ただ、その経験からすると、水だけでも丁寧に洗えばほとんどの汚れは意外と落ちます。重要なのは汚れが付着してから洗うまでの時間なのではないか？　と疑問を抱いていました。

そこで、後に洗濯洗剤を共同開発することになる湘南《しょうなん》・茅ヶ崎《ちがさき》の「がんこ本舗」というメーカーの木村《きむら》社長に会いに行き、お話を伺いました。木村社長はもともと登

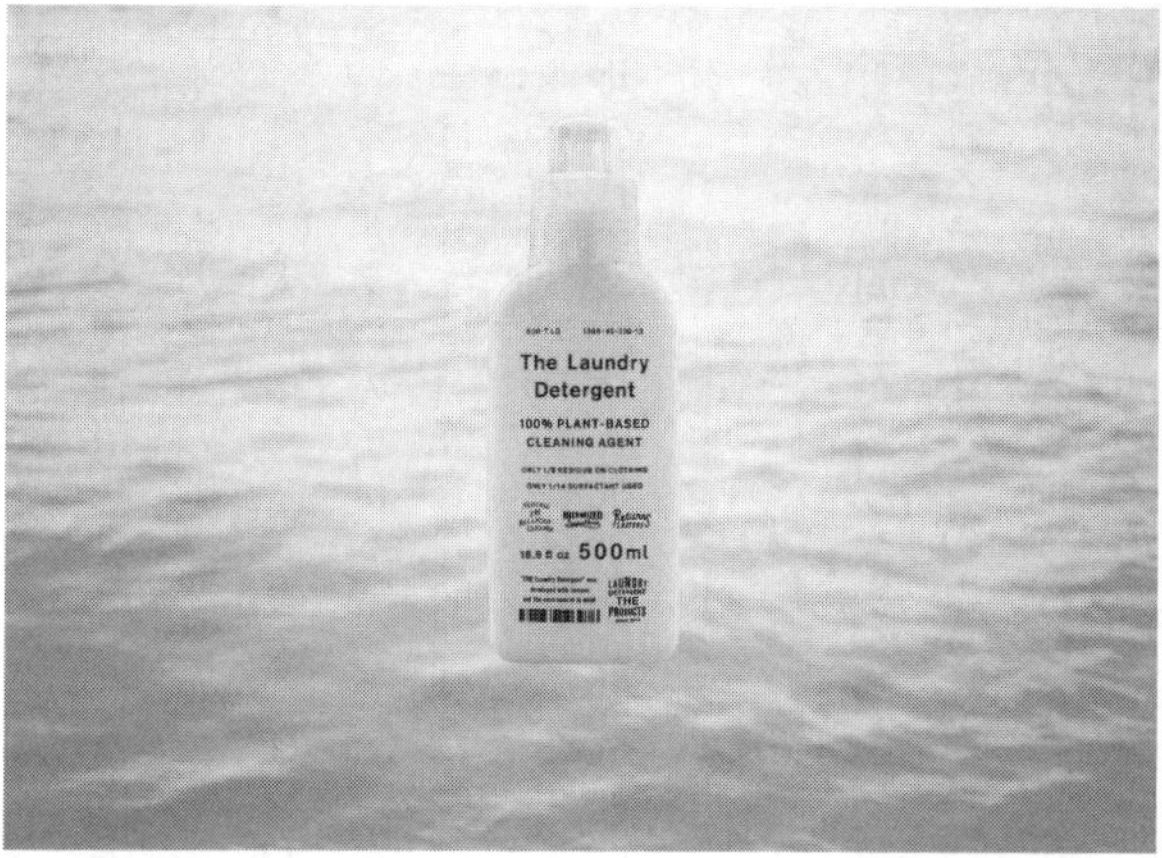

THE 洗濯洗剤

山家で、山を引退された後、湘南の河川と海をきれいにするために独自で洗剤の研究を始めたという変わった経歴の持ち主で、掃除用ふきん「がんこクロス」や洗濯洗剤「海へ」といったヒット商品を開発されています。

その木村社長に、洗剤って本当に必要なのか？　環境への影響の本当のところは？　界面活性剤《かいめんかっせいざい》って何？　石鹸《せっけん》って何？……と、あらゆる質問をぶつけたところ、すべての質問に対して驚くほど明快に答えてくださいました。

水だけでも汚れは落ちるがその分大量に水を使ってしまうこと、環境への影響は見方によってさまざまな答えがあること、そして界面活性剤と石鹼のこと。

たとえば、現在市販されている洗濯洗剤には、一般的に界面活性剤が多く使われています。生態系への影響などから、この界面活性剤は「悪いもの」というイメージを持っている人が多く、一方で「洗濯石鹼は純粋で何となく良さそう」というイメージを持つ人が多いのではないでしょうか。

実は欧米では石鹼も界面活性剤の一種として分類され、日本でいう合成洗剤と石鹼という括《くく》りはありません。

世の中で「悪」とされがちな界面活性剤とは、簡単にいうと水と油の両方に溶ける物質です。それによって水と油が混ざりやすくなり、汚れを浮かして落とすことができるうえに、落とした汚れを分解するという効果もあります。

また、時間はかかりますが微生物が食べることで、最終的には水と二酸化炭素に分解されるそうです。このように自然に分解されることを生分解《せいぶんかい》と呼びますが、海や川の中で生分解される前の段階において、魚のエラ呼吸を妨げてしまったりと、生態系へ悪影響を及ぼすのも事実です。

一方で石鹸は、保湿効果が得られたり、製造のエネルギーを最小化できたりといったメリットと同時に、水中のミネラルイオンと反応するため、界面活性効果を失う部分が多く、洗浄のためには大量に使用することとなってしまいます。

そして、水中で金属石鹸または石鹸カスと呼ばれるものが発生し、これが難水溶性物質のためヘドロ化することになります。ヘドロも効率よく回収できれば資源になりますが、環境中では流れのあまりない河川・湖底・海底の生物に生存の危機を与えてしまいます。

では、なぜ石鹸はさほど悪いイメージがないのかというと、海外ではヘドロの回収システムを整備している国もあるからです。そういう国では、石鹸を使ってもそのゴミがきちんと片付けられるため、石鹸は問題ないとなるのです。

しかし、日本にはそういった仕組みは多くはありませんから、みんなが洗濯石鹸を使って洗濯すると、ヘドロがたくさん溜まってしまい、水質汚染につながってしまうということも考えられるのです。

そう考えると、一概に界面活性剤よりも石鹸のほうが環境にやさしいとはいえなくなります。むしろ、日本では界面活性剤のほうが「正しい」側面もあるといえそうで、問題はできるだけ使う量を少なくすることと、生分解のスピードを高めればいいということになります。

案の定《じょう》、「THE」の企画会議では「界面活性剤って本当に悪いの？」「そのイメージって本当？」「食べたらどうなるの？」といった質問が、矢継ぎ早に飛んできます。そして、どんな界面活性剤を何％使うべきなのか、自然環境では他に影響が出ないのか、洗浄力が出るのか、そしてそもそも洗剤は洗浄力が高ければいいのかと、さまざまな調査や議論を重ねていきます。

結果として、洗浄力の高さよりも、何でも洗えるということを重視しました。がんこ本舗のナノ化技術によって、シルクやウール、ダウンに加え、ゴアテックスなどの防水透湿性素材まで、一本で何でも洗える洗剤のほうが定番と呼ぶにふさわしいと考えたのです。

また、徹底的に界面活性剤の量を減らし、同じく洗浄成分をナノ化する技術によって生分解するスピードを高め、二四時間以内に九四％が水と二酸化炭素に分解される、といった環境への配慮も未来に残っていく定番品としてふさわしいと判断しました。

第1章で水野さんが言っているとおり、日本では「ものづくり信仰」が根強く、企業には「いいものさえつくれば売れる神話」みたいなものがあります。

しかし、今、世の中に新商品として出てくるものの多くは、「いい」という意味を誤解しているように思います。いくら性能を上げたり機能を付加したりしても、それを必要としている人は本当にいるでしょうか。これまで「いい」とされてきたベクトルをそのまま突き進んでいっても、これからの人たちが欲しがるものにはたどり着けないのではないでしょうか。

私たちが「THE」でやろうとしていることは、そうした「いいもの」をつくることではなく、「正しいもの」をつくろうとすることなのです。

それでは、何が「正しいもの」なのか。それを探るためには「そもそも何か？」という問いから、その商品について調べつくすことが必要になってきます。

何が正義かを突きつめていくと、ベクトルが変わることが多々あります。そこを見つけることが新定番への糸口になるのです。

歴史をひも解くことで分かること――「THE飯茶碗」

「THE飯茶碗」をつくるときも、情報収集に苦労しました。情報が不足しているのではなく、全国には無数の陶磁器産地があるので、むしろ情報がありすぎたからです。

実際に全国行脚《あんぎや》をしていたら一年以上かかりますから、さすがにそれはできません。しかも、僕以外の「THE」のメンバーはもともとかなり陶磁器に詳しいので、今まで気づかなかったことに気づいてもらえるような情報収集が必要です。

ここではまず、歴史的名作などのプロダクトからではなく、日本における焼物の成り立ちや、根付いたタイミング、歴史のある産地などを調べていきました。縄文土器、弥生土器、須恵器《すえき》から奈良三彩、平安時代から鎌倉時代を経て、茶の湯の楽焼、織部、そして磁器発祥から近代まで、モノよりも土地に焦点を当てて調べました。

そして、日本の歴史や全国の産地マップを見ながら、今の人たちが捉える焼物とはどんなものだろうかと「現在」を議論します。第3章でも説明した「らしさ」です。焼物らしいとか、お茶碗らしいとか、ご飯が美味しそうとか。こういった「らしさ」を見つけていくことによって、現在の定番にふさわしい焼物の産地を全員で挙げていきました。

そして、今度は挙がったすべての産地に実際に足を運び、その土地の歴史をさらに調べます。単純に技法の違いだけでなく、なぜそこで焼物が生まれたのか？　その土地の優位性はなんだったのか？　どのタイミングで栄え、どう今に至っているのか。実際に見聞きすることで各産地の概要が少しずつ見えてきました。

一〇年かけて土づくりをする産地、京への流通経路から生まれた産地、職人による特殊技法が発達した産地、大きいモノをつくることに長けた産地、磁器の原料が見つかった産地、大量生産のための仕組みに優れた産地、近代の作陶家が根付いた産地、など調べていくにつれてそれぞれの土地でつくるべき定番のイメージが湧いてきます。

情報によってクリエイティブな判断の質を高める

産地の歴史をひも解いた後は、各産地の土の質の違いはどうかなどを調べていきます。重いのか、軽いのか、密度はどうか、水を吸うか吸わないか、成型性の違いや透光性の有無など、素材としての特性を一つひとつ、解明していきます。

飯茶碗など器モノの難しいところは、人によって求める価値がさまざまだということです。水を吸い少しずつ汚れていくことによって格好いいお茶碗になっていくということも一つの考え方で、「器が育つ」と言って楽しむ人もいます。一方で、真っ白でピカピカのお茶碗のほうがきれいで清潔感があっていいという方もいます。

日本では長い間、磁器をつくることができませんでした。江戸時代に入る手前まで、白いピカピカのお茶碗というものは海外のものしかなかったのです。安土桃山時代、豊臣秀吉《とよとみひでよし》が天下をとっていた時代に朝鮮半島から入ってくる白い磁器は最高級品でした。多くの人が憧れ、土で白っぽいものをつくろうとしていた時期もあります。

そんな中、豊臣秀吉が朝鮮半島から磁器をつくる職人を日本に連れてきました。そして、その職人が有田で泉山《いずみやま》陶石という場所を見つけて、その石を使ってつくったものが初めての磁器、有田焼です。これが四〇〇年前のことで、二〇一六年は有田焼が日本で生まれてからちょうど四〇〇周年です。

磁器に注目が集まると、みんなが白い器をつくるようになります。有田焼の磁器は素晴らしい、かっこいい、という風潮になるのですが、すると今度はどこかで「古びた景色がある陶器だってやっぱりかっこいい」と言い始める人も出てきます。

器に限らずですが、文化とはこうしたカウンターカルチャーの繰り返しで醸成されてきているので、何が定番となるかを考えるのは、とても難しいことです。だからこそ、全国の産地で同じ形状の飯茶碗をつくる、というアイデアは飯茶碗の定番を探るという意味でも最良のアプローチだと思っています。

最終的に「ＴＨＥ飯茶碗」は、有田（佐賀県）、清水（京都府）、信楽（滋賀県）、瀬戸（愛知県）、益子（栃木県）の五つの産地で、それぞれの歴史に紐付いた施釉《せゆう》や仕上げ方法でつくられています。

このように「ＴＨＥ飯茶碗」ではピックアップした産地ごとの歴史や素材の特性に

注力して情報収集を行ないました。その商品の本質に迫る情報を徹底的に収集し、チームとして最良の判断ができる状態をつくること。それが商品開発における僕の一番最初の責務です。

僕は「THE」に加わる前、企業内で文房具のマーケティングと商品開発の仕事をしていました。そこでは、どこでどんなものが売れているのか、競合他社は何をいくらで売っているのか、といった現在に焦点を当てた調査をもとに、「今」または「近い未来」にユーザーは何を求めているのかを考え、とにかく早く商品投入する、という開発サイクルが主でした。もちろん企業内では道具としての基礎研究に並々ならぬ努力をしていますし、その結果として日本の文房具は世界で類を見ない技術力や企画力を誇っていると思います。

しかし、「THE」で行なっている情報収集は、それとはまったく別のアプローチで、その商品にとって本質的に必要なことを知るための調査です。

そのため、過去から現在において何が起きてきたのか、未来はどうあるべきか、を考えるための情報収集をしています。そしてそれが私たちの商品づくりを支えているのです。

②製造技術――実際につくるには
簡単そうで難しいこと――「THE PLATE」

情報収集をして商品の方向性が決まったら、次は実際にどうつくっていくかを協力してくださるメーカーと考えていきます。実際に商品をつくるに当たっては、さまざまな技術的課題が出てくるので、それらを一つひとつ解決していかなければなりません。

たとえば「THE PLATE」。定番のお皿を考えたとき、どのような形状が思い浮かぶでしょうか？

レストランなどでは縁《へり》（リム）のあるお皿が出てきますが、あれはレストランの給仕がサーブしやすいようにするためのものです。このときに私たちが考えていた定番のお皿とは、レストランではなく一般の人が家で気分よく使うための定番のお皿でし

THE PLATE

た。

ただ、家庭用といえどお皿は単体で成り立つものではありません。お皿を使うときにはナイフやフォークといったカトラリーとの整合性を考慮しなくてはなりません。そこで、目をつけたのが「カイ・ボイスン」というデザイナーのカトラリーでした。

かねてからこのカトラリーセットが最高の定番品だと考えていたこともあり、そのカトラリーに合わせたお皿をつくろうという案が鈴木さんから出ました。縁のカーブがスプーンの先端のカーブと同じ曲率を持っているお皿にすれば、たとえば残りひとくちのカレーを最後まですくい取りやすいのではと考えたのです。

それからはスプーンのカーブの研究が始まりました。カイ・ボイスンだけでなく、一般的に売られている他のスプーンの角度も調べて、そもそもスプーンの角度とはどうなっているのかを調べていきました。その結果、実は私たちが使いやすいと感じているスプーンの先端の曲率はどれも似通っていることも分かり、アイデアが固まりました。

しかし実際につくろうとしてみると、スプーンの角度と同じ曲率の縁でできたお皿をつくっていく作業は簡単そうに見えて非常に難しいということが分かったのです。

お皿は陶土を焼いてつくっています。お皿のはしに近いところほど、陶土が自身の重みで垂れてきてしまい、サイズが大きければ大きいほどそれは顕著に現われます。原料として使用していた陶土が天草《あまくさ》陶石一〇〇%であったことも原因の一つでした。型に入れて圧力成型という方法でつくるので、型の精度が悪くない限りはそのままきれいに成型されると思いがちですが、現実にはそうはいきません。

では、垂れてくることを計算して、その分余計に曲げておけばいいのではということで試してみましたが、焼く時間によってムラができやすいし、窯の中でどの場所に置くかでも変わってきてしまいます。産地にいる有限会社マルヒロの馬場《ばば》さんと毎日電話しながら、トライ・アンド・エラーの繰り返しです。やってみると、「これぐらい」というポイントが見えてくるのですが、それも季節や天候によって変わってきてしまいます。

ものづくりの過程では、こういったことがよくあります。たとえば、漆は雨が降っていると乾きが早まるので、雨の日は作業工程が少し変わるそうです。工業的なイメージのあるプラスチック成型にしても、気温や湿度などの気候条件によって樹脂（プラスチック）を温める温度やその樹脂を射出する圧力などを日々設定しなおして、最適な状態を模索しながらつくっています。

大変な作業ではありますが、こういった小さな積み重ねを繰り返すことはどんな製造現場でも当たり前に行なわれていることです。ただ単に設計図を渡してできあがるものではなく、製造方法まで含めてメーカーとの細かいやりとりの中で一つの商品ができあがっていくのです。

トライ・アンド・エラーの繰り返し――「THE LUNCHBOX」

同じように、簡単につくれそうで、実は高い技術が求められた商品の一つが「THE LUNCHBOX」です。このランチボックスはアカオアルミ株式会社とともに、アルミの板を金型でプレスしてつくっています。

何が難しいかというと、底面積が小さいうえに深さがあるため（底面のサイズが一一・九センチ×八・二センチ、高さが四・七センチ）、プレスする際に最も曲がる角の部分にしわが寄ってしまうのです。その部分をきれいにつくるには、プレス工場に高度な技術が求められます。

さらに、デザイナーの鈴木さんから「天面から側面にかけてのカーブは曲率が変わりながらも角の部分は稜線《りょうせん》がくっきり見えるように」「ふたを閉じるときに、手を離すとスッと同じスピードで沈んでいくように」などと、細かな注文が出ます。

トライ・アンド・エラーの中で、プレスの圧力を強めることでしわが寄りにくくなるということが分かってきましたが、今度はプレス時にアルミに傷がついてしまいま

THE LUNCHBOX

す。では、傷がつかないためにはどうすればいいかを工場側に何度も相談し、半年ほど試行錯誤を重ねました。

こうした試行錯誤の期間に僕が最も重要だと考えているのは、工場の現場の方々からアイデアが出てくる環境をつくることです。

そのためにまずこちらから「こうやったらできるかもしれない」といったアイデアをどんどん提案するようにしています。素人がどんどん意見を出すことで、その場でやり方を考えようという空気が生まれます。

僕が工場側に提案するアイデアは、現場

のプロたちから見ればきっとただの素人の意見でしかありません。しかし、ものづくりの現場は試してみて初めて分かる発見が想像以上に溢れていて、その素人アイデアが現場のプロの閃《ひらめ》きのヒントになるシーンを僕は何度も見てきました。そしてそこが、ものづくりの現場の面白いところでもあります。

そしてさまざまなジャンルの製造現場でものづくりをしていると、まったく別の製造分野からヒントが得られたり、素人アイデアなりに精度も付いてきます。

このときも、プレス圧はもちろんのこと、板材の厚みを変えようだとか、プレヒート（事前に板を温めること）をしてみたらどうかとか、アルミ板に粘性の高い油を塗ったらどうかとか、無理そうなことをたくさん並べてるうちに、工場の現場の方々から「そういえばまったく別の製品で行なっている、アルミ板をフィルムでカバーをする方法が使えるかもしれない」とアイデアが出てきました。

すぐに試していただいたところ、フィルムは破けても本体に傷はつかない。この後の工場の方々の試行錯誤もあり、思い通りの美しいラインを描くランチボックスの原型が完成しました。

他にも、プレスすることによってできたアルミのバリ（尖っている切れ端）を安全のために削る工程があるのですが、工場ではグラインダーで処理をするため、なかなか細かい作業ができないという問題もありました。なんとかもっと細かいところまで削ってもらう方法はないかと、手持ちで扱う小型研磨機をこちらで購入して工場に持っていき「もっとなめらかに削ってください」とお願いしたこともありました。

今はもちろん別の機械で削っているはずですが、あの出来事があったことで、工場の方々にも「そんなにしてまでこの部分をきれいにしたいのか」と認識してもらえるようになりました。そのおかげで、工場の人たちからも切り口をきれいにするさまざまなアイデアが出るようになったのです。

メーカーにとってのチャレンジ――「THE TOOTHBRUSH」

このように私たちはメーカーの方にさまざまなお願いをするのですが、これらの新しい取り組みを面白いと思ってくださるメーカーも多くあります。そうしたメーカーにとっても新しいことへのチャレンジになるからです。

「THE TOOTHBRUSH by MISOKA」の取り組みが、その一例です。第４章でも紹介したように、水をつけて磨くだけで歯がツルツルになるＭＩＳＯＫＡというブランドの歯ブラシがあるのですが、このブラシ加工の技術をもとに、歯ブラシの定番をつくろうと考えました。

持ちやすさと自立時の安定性のために形状は三角形にしましたが、細長い樹脂の成型品を立たせることは困難を極めました。しっかりと立つように中に金属の重りを入れることになりましたが、必要以上に重くなってしまっては使い心地が犠牲になります。

本来、一番安価につくる方法は、型の中に金属の重りをセットして樹脂を流すインサート成型という方法です。他にも底の部分のパーツを金属でつくってしまう方法も考えましたが、どちらの方法も、重りを入れ替えての最終検証や仕様変更などのメンテナンスに莫大な費用がかかります。

そこで、金属の重りは既製品を探してもらい、あとからでも重量や重りを入れる位置などのバランスを変えられる設計にしました。

倒れそうで倒れにくいというギリギリの重さを狙って、数種類の金属の比重やサイズ、重りを入れる位置を比較することで、バランスを徹底検証しました。

当初は比重が高く製品として問題が出にくいと想定して真鍮《しんちゆう》を考えていましたが、価格が高いことと歯ブラシのサイズに合うものがなかったため、結果的にステンレスで最適なものを見つけ、重りとしています。ここでもメーカーの設計者の方と毎日電話の応酬です。

メーカーの方も日々研究開発をしていますが、普段の仕事の中で新しいことにチャレンジするのは何か課題がないとなかなか難しいものです。そういう中で、私たちのようなイレギュラーな製品に取り組んでいただくことは、新たな手法を開発するチャンスになるかもしれません。しかし、だからこそ私たちはそのチャレンジが無駄にならないように商品企画やデザインに責任を持たなくてはなりません。

歯ブラシをつくってくれたメーカーの方々は、「こんなの初めてだったけれど、やってみて良かった」と言ってくださいましたが、それが当たり前になるような商品づくりを常に心掛けています。

③製造コスト

リ・デザインする——「THE COASTER」

第1章でお話しした通り、「ＴＨＥ」の最初の商品である「THE GLASS」の開発においては、製造コストの問題が大きなハードルとして立ちはだかりました。この商品に限らず製造コストは常に解決しなければならない問題です。これを乗り越えるために、いつもメンバーで侃々諤々《かんかんがくがく》の議論をしながら苦労しています。

ただ、商品開発においては製造コストの問題を単に障壁と捉えるのではなく、それを上手く解決する新たなアイデアを考えることで、より良い商品が生まれることもあります。「THE COASTER」は、コストと製造技術の壁を上手く乗り越えて実現した商品です。

これまでのコースターで悩みの種だったのは、濡れたグラスの裏に貼り付いてしまい、コースターごと持ち上がってしまうことでした。

木など硬いものでできているコースターがくっつくと、数秒後に落ちてパーンと大きな音を立てる。そんな経験はないでしょうか。紙ならば落ちても音が出ませんが、グラスの底にコースターをくっつけたまま飲むのは恥ずかしいですし、水滴でコースターがびしょ濡れになってしまいます。

コースターに最適な素材とは何かと議論を重ねた結果、水滴がつくことを前提としてつくられ、最も水滴が似合うものとして、タイルを思いつきました。小さなタイルを組み合わせてつくれば、目地の部分が溝になりグラスに貼りつくこともないですし、タイルに水滴がついた様子が美しくもあり、拭《ふ》くだけできれいになります。

このタイルのコースターは本当にありそうでなかった商品でした。当初は二センチ四方の小さなタイルのピースを四×四で一六個、左官のように目地でつなげる話が持ち上がっていました。しかし、コストと技術の両方ですぐに壁にあたりました。

国内のタイル生産は岐阜県多治見《たじみ》市がトップシェアですが、風呂場の床などに使われていた細かいタイルは生産量が減っていて、一つひとつつなぎ合わせるための人件費も高くついてしまい、目標としていた価格にはまったく届きませんでした。さらに、板状に組み合わせてつくると目地の強度が保てず割れやすくなってしまう、といった強度面の問題も出てきました。

そこで、考え方を抜本的に変えてリ・デザインし、マンションの外壁や住宅の装飾用の大きなタイルを生産する工場で、タイルをつなぎ合わせるのではなく板チョコのような一体型のコースターをつくることにしました。つまり、目地のような溝が入ったタイルを一枚でつくってしまおうということです。これによって、強度の問題とコストの問題を一度に解決することを試みました。

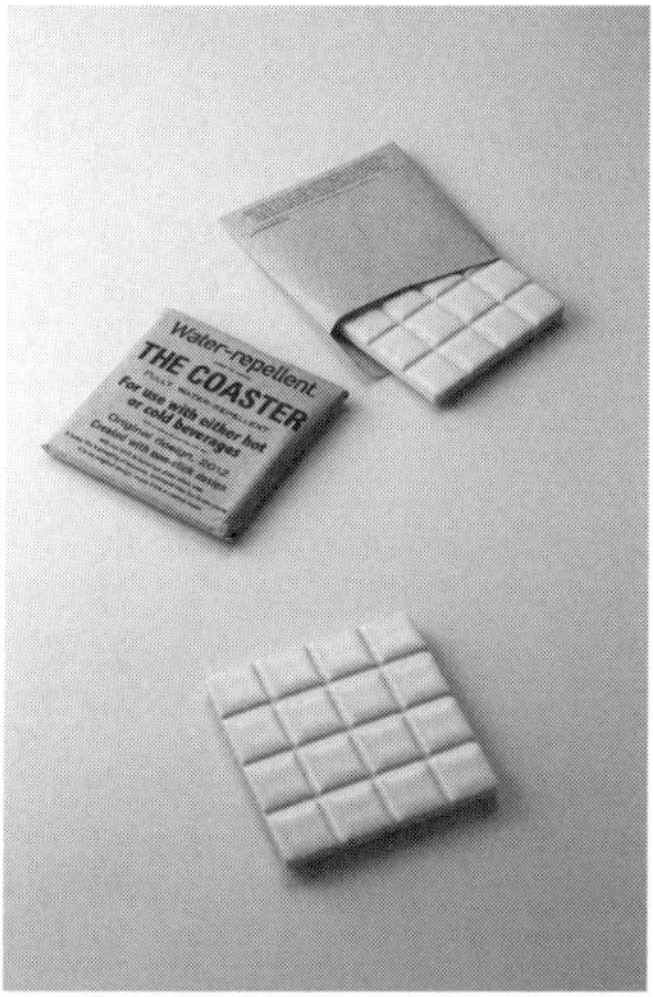

THE COASTER

このコースターもまた、グラスと同様に一回で七〇〇〇枚もの数量をつくりました。そのぐらいのロットでないとまったく採算が合わないのです。

量産のための型づくりでは、一回

に八個のコースターがつくれるタイル型を起こしました。

基本的に成型品は、取り数（一回の動作で成型できる数）が多いほど一個あたりの価格は安くなります。極端な言い方をすると単純計算で、一回に一個よりも、八個取れるほうが成型にかかるコストは八倍安くなります。その代わり、八個取りの型はつくるのに費用がかかりますし、八個の形をピタリとそろえるために精度の高さが必要だったりと、大変な面もあります。

八個取りの型をつくって、これまでコースターなどつくったことがない工場で七〇〇〇枚を一度につくるようなリスクを取る会社はきっとほとんどないでしょう。だからこそ、これまでこういった商品は存在しなかったのだと思います。

初めは本当に七〇〇〇枚も売れるのだろうかと心配していましたが、販売数は二万枚を超えました。

このコースターはグレーの下地に白色の釉薬がかかっているので、うっすらと青みがかったようにも見えます。当初は青色も考えたのですが、この製造方法だと目地部分にまで色が入ってしまいます。しかし、タイルの目地は基本的に白色です。全面青色にしてしまうとタイルらしさがなくなってしまうということで、白色のみの展開に決まりました。

また、目地にしなかったことで長く使っていても汚れないという効果もありました。風呂場のタイルでも分かるように、目地は意外に汚れやすいものです。コストや強度の問題を解決するためのリ・デザインが思わぬ良い結果を生みました。

コストの上昇を商品の質に転化する──「ＴＨＥ醤油差し」

他にも、コストと製造技術などの壁を乗り越えた商品に「ＴＨＥ醤油差し」があります。

これも第４章ですでにお話ししていますが、榮久庵憲司さんがデザインしたキッコーマンの卓上ボトルを更新する、液だれしない新しい定番醤油差しの商品化を目指しました。「ＴＨＥ」ではメーカーや企業から共同開発の打診をいただくパターンと、自分たちでゼロから考えたものを後から生産場所を探すというパターンがあります。

醤油差しは後者だったのですが、デザインや機構設計をガラスメーカーに持ち込んだところ、四社に「できない」と断られてしまいました。入れた醤油が美味しそうに見えるように、側面にはなんの装飾もつけない透明なガラス製の醤油差しをつくろうとしたからです。つるりとした透明のガラス容器なんて簡単につくれそうに思えたのですが、実はそうではありませんでした。

世の中のガラスの醤油差しを見渡してみると、実はつるりとした透明なものはほとんどありません。切子模様が入っているなど何かしらの柄が施されています。キッコーマンの瓶はガラスですが、大量に消費されることを前提として、莫大な製造ロットで行なう別の成型方法を採用しているため、薄く透明な瓶がつくれているそうです。

なぜ、つるりとした透明なガラスの醤油差しがつくれないかというと、一般的に原料として使われるソーダガラスでは単純にきれいな肌ができず、他の醤油差しのようにいろいろな柄を入れてつくっているのが当たり前なのだそうです。それが常識となっているために、どのメーカーにも断られてしまいました。

加えて、栓の部分も細かく設計の指定があったため、新しく型からつくる必要があり、とても手間とお金がかかります。この時点では机上の空論であった「液だれしない美しい醤油差し」はどのメーカーからも「やりたくない」という回答でした。

しかし、石塚《いしづか》硝子グループのアデリア株式会社に案を持っていったとき、取締役の壁屋さんが「面白そうだからぜひチャレンジしたい」と言ってくださり、開発の道が開けました。

ただ、一般的なソーダガラスではボトルの表面の美しさだけでなく、栓の部分の細かい設計も再現するのは難しいとの見解でした。そこで、同社のグループ会社である青森県の北洋《ほくよう》硝子に生産を依頼し、成型性能が高いクリスタルガラスを採用。型を用いて吹き込みで成型する方法でチャレンジしてみることになりました。

ワイングラスなどで乾杯をすると「チーン」といい音がする透明度の高いガラスがクリスタルガラスで、主に高級食器などに使われます。鉛に対する環境面での要請から、国内では無鉛クリスタルガラスが一般的で「ＴＨＥ醤油差し」もこれを採用しました。

ソーダガラスからクリスタルガラスに変えると、もちろん価格は高くなります。一般的なソーダガラス製の醤油差しはほとんど一五〇〇円前後で、安いものになると一

○○○円以下で買えてしまいます。そうした価格帯の中、私たちは三五○○円で販売しています。

醬油差しとしては高い価格になってしまいますし、何より前述のグラスやコースターのようにロットや仕様変更でのコストダウンが見込めず、どうしても何かとトレードオフになってしまうことに悩みました。しかし、絶対に液だれしないという価値と、クリスタルガラスを採用することでギフトにもふさわしい商品になるのでは、という考えの下、価格を決断しました。

そして、さらにギフトとしてふさわしい商品にするために、桐箱に入れようということになりました。価格設定を少し上げたとはいえ、コストにまったく余裕がない中で桐箱を追加できるようにするために、全国の桐箱メーカーにコンタクトを取り、パッケージ専門の取引先にも協力していただき、桐箱だけロットを大きくすることによってようやく実現することができたのです。

この商品化によって二次的な効果も生まれました。実は、偶然にも今回の取引先の石塚硝子グループのアデリア株式会社でも良い桐箱メーカーを探していたところでした。そこで、桐箱メーカーと直接取引をしていただき、今では両社は別の取り組みもしているそうです。思いがけず、私たちにとってもうれしい展開でした。

④協業メーカーとの取り組み方

本書でお気付きの方もいらっしゃるかもしれませんが、「ＴＨＥ」は一緒に開発をしてくださっているメーカーや工場の名前を常に公開しています。これはどういうことかというと、同じ商品を複数のメーカーでつくる、といったいわゆる二社購買をしない、という宣言でもあります。

一般的には、生産キャパシティの確保（＝欠品のリスク回避）や仕入れ価格の交渉などにおいて、仕入れる側にはメリットの多い二社購買ですが、今後もこのスタイルを続けていくつもりです。

最終的に商品を買ってくださるお客さんに、だれとどこでどのようにつくっているのか、ということをしっかり伝えたいという思いと、名前を出すことで一緒に開発しているメーカーに少しでもメリットができればという思いもあります。

技術や営業情報を共有することで新しい定番を生む
――「THE COLOCOLO BY NITOMS」

Ｎｉｔｔｏグループの株式会社ニトムズと共同で開発した「THE COLOCOLO BY NITOMS」。こちらは、ニトムズが自社ブランドとしても売り出す商品です。「ＴＨＥ」の商品でもありますし、ニトムズの商品でもあります。

みなさんのご家庭にもある粘着クリーナーのことを一般名称として「コロコロ」と呼んでいますが、実は「コロコロ」という名称はニトムズの登録商標です。つまり、「コロコロ®」はすでにして定番と呼んでもよいほど、多くの人に使われている商品です。これ以上、定番にするための要素がどこにあるのかと思われるかもしれません。

私たちは、ニトムズの技術力を最大限に引き出し、機能を追求することで、この定番商品をさらに進化させようと考えました。

「THE COLOCOLO BY NITOMS」は、粘着テープの部分がストライプ柄になっています。一見派手な外見ですが、これは白色っぽいゴミなど、取れたゴミがよく見え

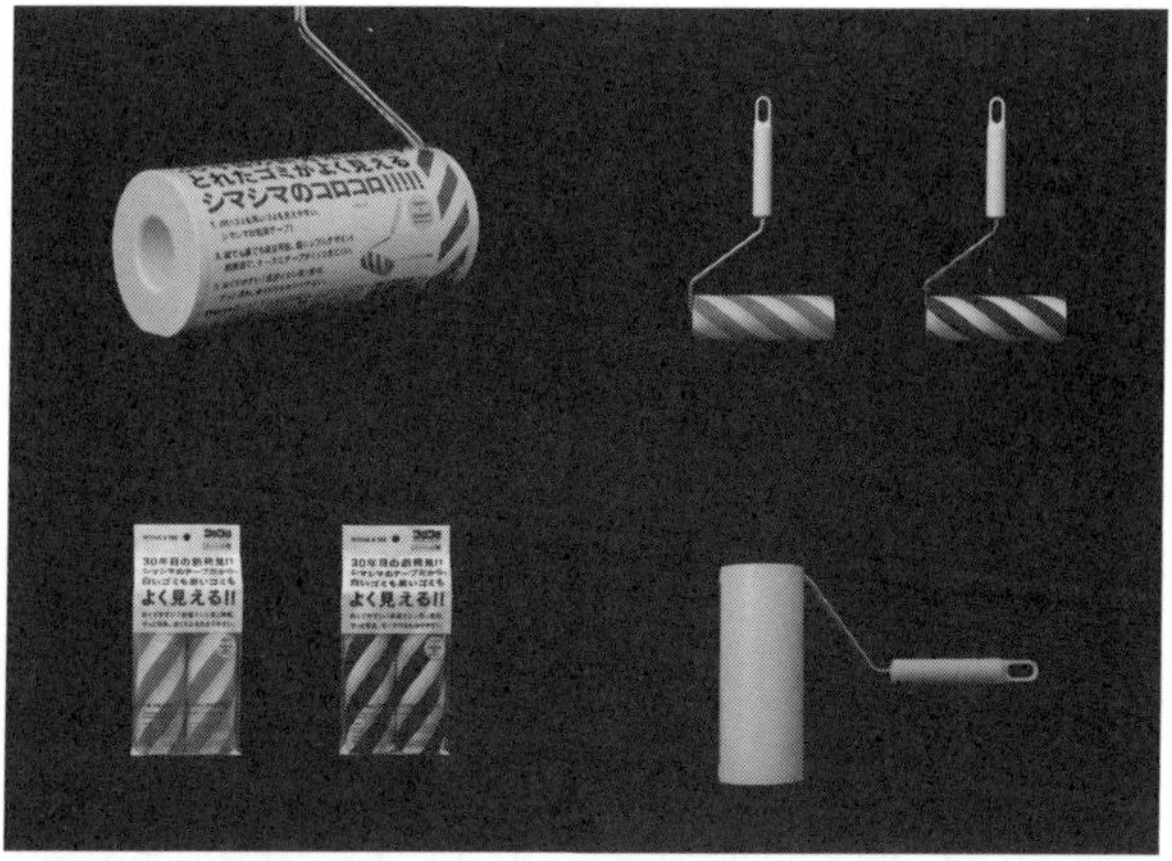

THE COLOCOLO BY NITOMS

るようにするためのデザインです。これもありそうでなかったデザインですが、その理由は、粘着力を保ちながら柄をつけるということが、技術的に非常に難しかったからです。粘着剤の付いている原紙に広範囲にわたって印刷をすると、その部分には糊《のり》が定着しにくいのです。

　最初にメーカーと守秘義務契約を結び、ニトムズが持っている最高の粘着剤技術を開示してもらい、私たちからもアイデアを出しました。

　また、「コロコロ®」をケースに入れたときに、柄の部分を横にする向きで床に立たせることができる設計にして、取り出しやすさや収納方法にも配慮しています。テープの残量が少なくなると中央の筒部分の重量がどんどん落ちていき、倒れやすくなりますが、その状態でもしっかりと立つようにメーカーと一緒に検証を重ねました。

こうした協業が実現できたのは、販売価格から製造コストに至るまでかなり深く突っ込んだ話をすることができたことによります。

たとえば、使い終えたテープを切り取りやすくするための加工にどれくらいの費用がかかるのか、技術的にどこが難しいのかなど、ニトムズに詳細を教えていただきながら共同で商品化しています。

生産工場がある愛知県豊橋《とよはし》市でどのくらいの費用がかかり、中国での成型費用や送料がどれくらいになるのかなど、通常なら開示されないようなコスト情報などを教えていただいたうえで、製造方法から価格、マーケティングプランなど商品全体について話し合いを重ね、お互いの営業情報も共有し共同販売をしています。

一見すると「THE」っぽくない商品

「THE COLOCOLO BY NITOMS」は一見すると、「THE」っぽくないと思われるかもしれません。パッケージには「！！！」というマークをつけて商品をPRしていたり、機能や説明を事細かに記載していて、いわゆる「シンプル」なデザインではありません。

なぜかというと、「THE COLOCOLO BY NITOMS」はニトムズの主戦場であるホームセンターやドラッグストア、スーパーマーケットなどでも販売していくからです。「コロコロ®」はホームセンターで販売されてこそ、定番商品となり得るものです。そうした日用品売り場で、シンプルなデザインでは埋もれてしまう可能性が高く、ストライプ柄のメリットを最大限にお伝えすることができないと考えたからです。

このことは、私たちが単に「おしゃれ」な雑貨をつくりたいということではなく、「THE」と言えるにふさわしい定番品をつくり、世の中の定番の基準値を引き上げていきたいというビジョンを持って活動していることを体現しています。

もちろん「THE COLOCOLO BY NITOMS」は家の中で使うことも考慮していま す。パッケージは、フィルムが巻いてあるだけなので、フィルムを取ると白一色のシンプルなものになります。また、片面がホームセンター向けに商品アピールを重視し、裏返すとインテリアショップ向けの比較的シンプルなデザインになっています。

ニトムズが培ってきた粘着剤の技術は、最高峰といえるものです。その技術を細かく解説いただきながら、デザインをし直すことで、これまでと一線を画するような定番の「コロコロ®」をつくることができたと思っています。

日用品や消費財は、値段の安いものを選ぶ人が多い分野です。その中である一定のクオリティのものをつくろうとしたら、どうしても価格の勝負では負けてしまいます。もちろん、私たちも知恵を絞ってコストを抑える努力はしていますが、それ以上に機能デザイン、装飾デザインの両面からその商品を選んでもらえるようなものづくりを考えています。

ニトムズは「コロコロ®」をつくり続けてきたプロフェッショナルです。それがゆえに従来のやり方を大きく変えられない部分もあったかもしれません。粘着面へのストライプの印刷がその一例として、「思い込みの壁」を打ち破ることが少しでもできていたら嬉しく思います。

私たちはあらゆるメーカーと協業することによって、多くの分野の知識を取り入れ、次の定番品を生み出すことを目指しています。

第6章　定番を生み出すデザインマネジメント

（中川　淳）

ロジカルな経営だけではダメな時代になった

経営者の役割というと、戦略を練ったり、経営にかかわる数字を読んだりして決断を下すといったことが思い浮かぶでしょう。実際、それらは重要な仕事なのですが、私は現代の経営者にとっては「デザイン」など、クリエイティブな側面でのマネジメント能力も不可欠であると、強く感じます。

従来は、いわゆる経営といって思い浮かぶロジカルな部分でのマネジメントだけでやってくることができましたが、現在ではそうはいきません。

時代は変遷しています。ものが不十分な時代は、品質など安定感が求められてきました。その頃は、たとえば有名百貨店の包装紙で包んであれば、いい品だという認識があって、みんながそこで買い物をしました。その後、ものが溢れてくると、カリスマ販売員やスーパーブランドなど、憧れでものを買う時代に入ります。そして、現代では共感を得ることが必要な時代になってきていると感じます。

その共感を生み出すものは、ロジックではなくデザインにより近い、いうなればエモーショナルなものです。ところが、多くの会社がそこに対応できていないのが現状です。

かつて企業とは、「人、商品、お金」だとされていましたが、加えて今は「ブランド」が必要です。商品機能としてのデザインだけではなく、ブランドを構築するためのデザイン。つまり、ブランディングデザインというものが必要となっています。

もちろん、経営者が「デザイナー」になる必要があるといっているのではありません。後述するように、デザインに対するリテラシーを身につけ、それをマネジメントしなければならないということです。

しかし、日本企業のトップの人たちは、あまりにものづくり信仰が強いことによって、デザインリテラシーがやや低くなっている傾向があると思います。そういった経営者は総じてソフト面に対してお金を払わない。「デザインなんてすぐにできるだろう。一日でできることに、なぜ何百万円も支払うんだ」という感覚です。

あるいは、デザインのようなふわっとしたものはよく分からないから任せる、というふうになりがちです。しかし、どのデザイナーを選ぶか判断をするのは、経営の仕事です。そのためには、デザインリテラシーが必要になってきます。

ロジカルなマネジメントもクリエイティブなマネジメントも両方大切です。両者が掛け算になって、会社としてより良くなっていけるかが問われているのです。

本章では、経営という視点から私が必要だと考える、個人の能力としての「デザインリテラシー」と組織として結果を生み出すための「デザインマネジメント」についてお話ししたいと思います。

デザインの「センス」ではなく「リテラシー」

デザインが重要だと言っておいて何ですが、実は、私もデザインのことはよく分かりません。

ですから、商品デザインの善《よ》し悪《あ》しを判断するときは「一素人」のスタンスをとっています。つまり、買う人間としてどう思うかという視点から、そのデザインがふさわしいかどうかを判断するわけです。

その際に大切なのは、自分の感覚だけで結論を出さないことです。私が主観的に感想を言っても、それは四十歳くらいの男性の見方でしかありません。ですので、なるべくその商品のターゲットとなる人たちの気持ちになって、その人たちならどう考えるかということをひたすらシミュレーションするのです。

「ＴＨＥ」で商品を開発するときは、まずメンバーがアイデアを出し合います。山のようなアイデアの中から、実現可能性などを精査していきます。最終的に何をつくるかは私が判断することが多いのですが、商品開発の場面でも、出てきた案やデザインについて、使いやすいとか使いにくいといった機能面については徹底的に指摘するようにしています。

デザインについて分からないのに、どうやってデザインの善し悪しを指摘できるのかと思われるかもしれません。しかし、私がしているのは、「こういうデザインにしたほうがいい」と言うことではなく、「このデザインはこう見えますけど、合っていますか」という問いかけです。

「ＴＨＥ」の商品開発においては、水野学と鈴木啓太というプロのデザイナー二人がいる中で、私がデザインそのものの話をしても仕方ありません。「パッケージの文字の字間を広げたほうがいい」とか「この弁当箱の角の曲がり具合をもう少し鋭く」といったことを言うことはしない。でも、自分がそのデザインから受けた印象を言うことはできます。それこそが、デザインリテラシーだと思います。

リテラシーという言葉は、もともと読み書き能力のことです。読み書きの能力はセンスで身につくのではなく、学ぶことによって身につきます。デザインでも同じことです。

デザインの話になると、自分は分からないという引け目から、デザイナーの言うことを金科玉条《きんかぎょくじょう》のように何でも聞いてしまう人がたくさんいます。「センスのいい人がこれだって言うんだから、たぶんそうだよね」という感覚です。

しかし、それではダメです。私は、たとえデザイナーが「これがいい」と言っても、消費者の視点からそう見えないと思ったときには否定することもあります。デザインの議論ではなく、「こういう印象になってしまうので、それはよくないのではないか」という指摘をするのです。

そういう意味では、私はデザイナーを特別視せずに、対等な関係を結ぼうとしていると言っていいかもしれません。

デザインとは、この商品がどんなふうに見られたいか、どう見えてほしいかという意図を実現するための「手段」です。その意図通りに見えていれば何も言うことはありませんが、意図通りではないという感覚を持った場合は、経営者や商品開発の責任者はそれを正さなければなりません。

デザインマネジメントというと、センスに特化したもののように思われがちですが、そうではありません。デザインについて、消費者の目線から当たり前に考える能力を培うこと、すなわちデザインリテラシーを高めることで、デザインマネジメントの能力も高めることができるのです。

デザインリテラシーを上げるには

では、デザインリテラシーを上げるためには、どうすればよいのでしょうか。私が実際にしてきた方法は、以下の三つのことです。

①デザインの役割を正しく理解すること
②意図を持つこと
③たくさんのデザインを見て考えること

①と②は、今説明したことです。日々の仕事でデザインにかかわる際に、デザインは手段であると認識したうえで、ではそのデザインの意図はどこにあるのかということを常に意識しておくことが大切です。

そして③は、仕事以外の場面、普段の生活でもできることです。デザインリテラシーを上げるためには、デザインを見て考えるという経験をできるだけたくさん積むことが大切です。とはいえ、世の中のものはすべて何かしらデザインされたものばかりですから、誰もが日常生活の中でたくさんのデザインに触れているはずです。だからといって、すべての人のデザインリテラシーが上がるわけではありません。

デザインを見て考える、というのは当たり前のことのようですが、見るだけでなく

「考える」ことを意識することが必要なのです。

正直、私は絵を描くことが下手ですし、デザインのセンスもあるとはいえません。しかし、意図的にたくさんのデザインを見て、分析して、理解してきたことで、後天的にリテラシーをつけることはできたと思っています。つまり、デザインリテラシーはロジカルなやり方で上げることができるのです。

ある商品を出してヒットしたとします。売れた要素は、価格なのか、形なのか、機能なのか、何か理由があるはずで、経営者はそういうことを普段から考えているでしょう。デザインについても、同じことを行なうのです。

たとえば、ハンカチをつくって売り出したところ、売れるものと売れないものがあった。同じ値段なら、デザインの違いが理由の可能性が高いわけで、より売れたものが「いいデザイン」だったということになります。あるいは、あるハンカチに七五〇円の値段をつけていたら売れていたけれども、八五〇円にしたら途端に売れなくなった。すると、デザインと価格の関係も見えてくる、といった具合です。

もちろん、売れる理由・売れない理由というのは仮説でしかありませんが、そうした仮説を丁寧に積み上げることによって、その精度を研《と》ぎ澄まし、判断力を培うことができると考えています。センスではなく、経験値としての能力です。

さらに言えることは、みんな「考えている」と言いますが、考えたつもりで考えていないことが多い。

私は、「日本の工芸を元気にする！」をコンセプトに生活雑貨を扱う中川政七商店を経営しています。そこでは、「商品政策」といって、ものづくりに入る前の意図を必ず書面に残しています。どんな商品をどんなやり方でつくり、どのように売ろうとしたのか。

そして、実際に市場に出した後で、必ずその書面に赤入れをします。結果はどうだったか、その理由は何かという仮説を立てます。そして、その書面が次回の参考になります。

この「書面に残す」ということが大切です。「今回はここを失敗したかもしれない」と思うだけではすぐに忘れてしまいます。それでは検証して次に活かすことができません。

自分の「偏《かたよ》り」を意識する

普段の生活でも、デザインリテラシーを磨くことはできます。先日、水野さんから「初めてお会いしたときとファッションが全然違う」と言われました。これは、ある程度意識してやっていることです。

ブランドマネジメントとは、そのブランドがどう見られているか、どう見られたいのかをコントロールすることです。自分自身を一つのブランドであると捉えれば、その見え方を変える一つの要素がファッションです。自分に威厳を持たせたいのか、やさしい印象を与えたいのかといったことを考えて服を選ぶ。これは毎日の訓練になります。

逆に言えば、自分の見え方すらもコントロールできていない人間が、もっと大きなものをコントロールできるわけがありません。

私は、自分の会社の男性社員にポケットマネーを渡して、「これで服を買うように」と指示したことがあります。うちの会社は、男性社員は少ないのですが、生活雑貨を扱いデザインにかかわっているわりに、おしゃれに気を使っている人が少なかった。もちろん、仕事はできる優秀な人たちですが、見た目がイマイチの人間がデザインについて意見を言っても説得力がないので、そういう仕事をしているなりの服装をする必要がある、ということです。

とはいえ、私は自分のセンスがよくなったなんて少しも思っていません。

誤解してはいけないのは、いくらファッションに気を使って多少おしゃれになったところで、ファッションの世界で通じるなんてことはないということです。

自分のデザインリテラシーを上げようと意識することは大切ですが、それはあくまで「自主練」レベルです。家でいくらキャッチボールの練習をしたところで、大リーガーにはなれません。同じように、リテラシーと実践は全然違いますから、そこは当然デザインのプロに任せるべきことは任せます。

つまり、デザインリテラシーを上げる努力は常にしつつも、平均的な素人の目線は失わないことが必要になってきます。

実は、この素人の目線というのは、意外に難しい。というのも、ほとんどの人は自分の感覚だけで物事を見ているからです。たとえて言えば、多くの人は自分の感覚でいいと思うものが座標軸の中心に来てしまっているのです。けれども、実際は世の中の一般的な意味での中心は別のところにあるかもしれません。

では、どうすればいいかというと、自分の立ち位置を把握することです。一人ひとりに思考の偏りはあります。自分がどういう思考に偏りがちなのかを明確にして、その思考を意識的にフラットにする作業が必要です。

私の場合、ある女優が好きだというと、みんなから驚いた反応をされることが多いのですが、そういうのを見て、自分の女性の好みは少し偏っているなということは認識できているわけです。

デザインの好みにしても同じことで、個人の偏りは絶対にあります。自分の癖を知り、補正していくことで、より一般的な素人目線を持つことができるのです。

こうした偏りを自覚するためには、やはりたくさんのデザインを見ることです。すると、自分がどこに立っているかということが次第に分かるようになってきます。商品によってターゲットは変わってくるでしょうが、一般的な目線を持つことができていれば、その都度ターゲットにおける平均的な見方をできるようになるのです。

デザインリテラシーは大人になってからも学べる

誰もが日々の暮らしの中でデザインを目にしているにもかかわらず、デザインを「おまけ」のように思ってしまう要因は、教育にあると思います。日本ではデザイン教育が一歩遅れています。

水野さんが参加したトークイベントでディー・エヌ・エー創業者の南場智子《なんばともこ》さんがおっしゃっていたそうですが、アメリカのとある学校では自分の好きなものを子どもたちがそれぞれ持ち寄って、それについてプレゼンテーションをする授業があるそうです。たとえば、「僕が好きな牛乳瓶のフタはね……」などと、どれだけその魅力を伝えることができるか。日本にはない授業です。

デザインリテラシーとは、自分しか分からないこと、デザイナーにしか分からないことを広くみんなに伝えていく能力でもあると思います。要するに、通訳できる能力ということです。

今、大学院などのＭＢＡ課程の課目には、デザインリテラシーやＩＴリテラシーが入っています。財務、マーケティング、組織論だけでなくデザインもＩＴも必要だという認識はありますが、まだプログラムとして実務に追いつくことができていないのが現状です。デザインシンキングの本は出始めていますが、まだ体系立っていません。

ただ、幼い頃から教育を受けていなければ、大人になってデザインリテラシーを身につけられないということはありません。私はデザインと財務を同じように捉えています。小学生で財務なんて知りませんし、習ってもいません。でも、算数は習っています。その経営実践として財務があります。同じように、図工や美術があって、その経営実践としてデザインがあると思っています。

しかし、クリエイティブな人間を育てるという意味では、日本の根幹の教育がちょっとずれているとは感じています。現状では経営者がデザインリテラシー能力を高めるには、今はまだ教科書がないため、実践の中で自分自身が意識していくしかありません。あるいは、最近になって出始めているデザインシンキングの本を一通り読んでいけば、自分なりのロジックをつくることができると思います。

教育の影響もあって日本人はクリエイティビティが不得意であり、デザイナーを特別視している傾向は否めません。ただ、一般消費者に向けて何かを売ろうとするのであれば、日常の中でデザインを意識しながら暮らすということが不可欠です。

苦手だからといってふたをせず、苦手であることを認めてゼロから知識をつけていけば、デザインリテラシー能力は誰でも高めることができると思っています。

デザインマネジメントとは何か

デザインをいかに結果につなげるかを経営的視点から考えるデザインマネジメントが、今の企業には求められています。

実務的な観点でいえば、まず前提として、デザインにかかわる作業を外注にするのか、あるいは内部にデザインスタッフを雇ってやらせるのかという違いがあります。

私の考えでは、本業に密接に関わるデザインについては内部で、それ以外は外部でというのが望ましいと感じます。たとえば、商品の形や機能にまつわるデザインは内部で、パッケージのロゴなどについては外部で、といったイメージです。

ただ、外部スタッフに頼む場合は、ある程度金銭的な面で問題が解決できるのに対して、内部スタッフは自社で教育することが必要になります。一方で、いくら優秀なデザイナーに外注しても、細かな暗黙知を伝えるのは難しく、満足した結果を得られない場合もあります。

日本の大手家電メーカーは、基本的に社内にデザイナーがいるシステムです。しかし、結果としてうまくいっていないところも多い。それは、やはりデザインマネジメントがうまくいっていないのが原因だと思います。

大企業のデザインマネジメントがうまくいかない要因の最たるものは、経営判断とデザイン判断が結びついていないことです。経営者がデザインリテラシーを持っていないため、両者の距離が遠くなっているのです。

会社という組織が基本的には上からの判断で成り立っている以上、デザインリテラシーの低い人がトップに立ってしまう場合はどうしようもありません。そういう意味では、デザインマネジメントの根本的な解決法は、トップのデザインリテラシーを高めることだといえます。

そうはいっても、昨今では、経営にとってデザインが重要であるという認識が高まってきているようで、書店に行くとデザインマネジメント系の本が数多く並んでいます。

そうしたデザインマネジメント系の本を見ていると、結局書いてあることを一言で言えばアイデアを出す際の「ファシリテーション」についてです。ファシリテーションとは、会議やミーティングなどの場で、発言や参加を促したり、話の流れを整理したり、参加者の認識の一致を確認したりすることです。

たとえば、ファシリテーターが面白い切り口でみんなにお題をふっていくことでフラットな議論が交わされ、それを繰り返していくことでクオリティが高くなっていく。これは何も特別なことではありません。

しかし、日本の大企業の家電メーカーなどでは、会議においてヒエラルキーは相当あるでしょうし、デザインリテラシーの低い人がお題をふるので、面白い切り口が出てきません。声の強い人の意見や凝《こ》り固まった市場調査の数字の結果だけが優先されてしまうのが現状です。

売れるものを生み出すパターンとは

私が「THE」の一員として関わる中で気をつけていることも、このファシリテーションの部分です。デザイナーである水野学さんと鈴木啓太さんは、それぞれ本業を持っています。「THE」では月二回のミーティングをしていますが、この限られた時間の中でいかに二人の頭を使ってよりよいものを生み出すか。これもデザインマネジメントです。

たとえば、商品開発でも、最初のうちは勝手が分からないのでやみくもにアイデアを出したりして非常に時間がかかっていました。いくらいいアイデアを出しても、スタートしてみたら商品になるまでに五年も一〇年もかかることが分かったのでは意味がありません。それだと、新商品の開発が予定通りにいかなくなって、経営にも支障が出てしまいます。

けれども、経験を重ねるうちに、次第にいくつかの成功パターンが見えてきました。名前を付けるなら、「デザイン先行パターン」「メーカーからの依頼パターン」「コラボレーションパターン」とでもいったようなものです。

それぞれ読んで字のごとくですが、「デザイン先行」は「THE」のメンバーが発案したデザインを形にするので間違いなくいい商品ができますが、実現までのハードルは割合高い。「メーカーからの依頼」は、自由度は少なくなりますが、いちばんゴールにたどりつきやすい。「コラボレーション」はその中間と言えるでしょうか。

これらのパターンの特徴が分かってくると、年間の計画と照らし合わせて、どのパターンの開発を重点的にすべきかといったことを考えることができます。今年は年間一〇点つくらなければいけないのに、まだ三点しかできていない。ならば、「メーカーからの依頼」や「コラボレーション」を増やすために、いかにしてメーカーやブランドを集めるかを考える。そうしたことが、デザインマネジメントの一例です。

また、私が「THE」に参加した当初は、水野さんと鈴木さんが無意識にやっていたことがよく分からなかったので、それを言葉にして表現してもらいました。それが、第3章で紹介した、五つの「定番の条件」です。

これはクリエイティブチームと私とのコミュニケーションの助けにもなっていますし、「THE」とは何かということをお客さんに対してより届けやすくすることでもあります。これもデザインマネジメントです。

要は、定番の商品をつくるために、そうした商品が生まれやすい環境をいかに維持できるかということです。もっと言えば、デザイナーにいかに最大限の力を出してもらえるかということを考えたり、出てきたものがより結果につながるにはどうしたらいいかを考えたりすることが必要なのです。

デザインの目的を明確にする

デザインと経営の両面から見ていくと、売れる仕組みのつくり方や流通のデザインを考えていくことも重要です。

たとえば、「THE」を立ち上げてから最初につくった「THE GLASS」。第1章で水野さんがお話ししていますが、グラスの定番ということでデザインを考えて、ショート・トール・グランデの三つの大きさをつくろうということになりました。グラスの定番なら、いちばん小さいサイズの価格は一〇〇〇円以下に抑えなければならない。これが「適価」という、私たちの定番に対する考え方です。

けれども、三種類の型をつくるとなると、約五〇〇万円くらい掛かります。しかも普通のロットで製造したら、とてもその値段で売ることはできないということが分かりました。そこで私たちが下した判断は、ロットを大きくして一個あたりのコストを下げるということです。

当時の資本金は一〇〇〇万円。まだ売上げが何もない会社が、五〇〇万円をつぎ込んで型をつくって、さらに三種類をそれぞれ一万個ずつつくったら総額は軽く一〇〇〇万円を超えるわけです。失敗したら間違いなく倒産です。

普通は「そんなリスクは負えないし、そんなお金はない」と、型の価格やロット数を抑えるでしょう。そして、質を落としたグラスを一〇〇〇円で売るか、質は維持していても一個三〇〇〇円の値段を付けざるを得なくなるわけです。

けれども、私はゴーサインを出しました。

それは、定番となる商品をつくるのが「THE」というブランドの意図であって、

「適価」と判断した一〇〇〇円という値段を含めたうえでの「THE GLASS」であるという考え方があったからです。そもそも、質を落としたグラスはもちろんのこと、三〇〇〇円の普通のグラスなんか売れるはずがありません。

結果的にその判断は正解で、「THE GLASS」は当初のロットを大幅に超えた売上げを達成しています。

もちろん、つくりたい商品のためにはどんな大きなリスクでも負うというのがいいというわけではありません。自分たちがつくる商品の目的を正しく見極めて、行けるのか行けないのかを判断する必要があります。そして、その見極めにはデザインに対する理解が必要不可欠です。

そもそも「THE GLASS」については、当初から売れるという自信はありました。それはなぜかを一言で表わすと、開発の段階から「売れる定番」をつくるという目的がはっきりとしていたからです。

しかし、この目的と手段がごっちゃ混ぜになっている会社が多い。「かっこいいデザインをつくりたい」とか「かわいいデザインをつくりたい」ということは、目的ではなく手段です。売れるためのデザインなのか、ブランドをつくるためのデザインなのか、目的を明確にすることが大事です。

「THE」では定番をつくることだけが目的ではありません。極端に言うと、売れなければ目的は達成されないのです。それが可能なのは、水野さんと鈴木さんが「売れる」ということに責任を持つことのできる稀有《けう》なデザイナーだからです。

「デザインが良いか悪いかだけが私たちの守備範囲であって、売れる、売れないは知りません」というデザイナーは割と多い。すると、定番をつくることが最終目標になってしまいます。在庫がどれだけ積み上がろうが、借金がかさもうが、「定番をつくれた。よかったね」で終わってしまっては、経営は成り立ちません。

商品を開発しても、その出口まで考えなくては意味がない。どこで売るか、どういうところに流通させるか、そこまですべて考えたうえでデザインや企画があります。デザインと経営は一体とならなければなりません。

つまり、ブランドを成功させるためには、経営者がデザインリテラシーを持つことが必要であると同時に、デザイナーも経営リテラシーを持っていることが求められるのです。

経営はクリエイティブな作業である

「THE」というブランドの目的を実現するためには、流通を含めた視点でデザインをすることが必要だと私は考えました。

定番商品となるものを適価で販売していこうとしたら、先ほどの「THE GLASS」の例で見たようなリスクを適切に取っていかなければなりません。手元の開発資金には限りがありますから、事業を続けていくためには、初期の段階から一定の売上げを立てていかなければならないということは明白です。

立ち上がったばかりのブランドは、通常はウェブで販売しながら、同時に雑貨屋さんなどに卸《おろ》していくというのが一般的ですが、それでは想定する売上げには到底届かない。では、どうすればいいかと考えた結果、店舗を持つしかないという結論に達しました。

店舗を持つ判断をしたときは、まだ商品が一つもありませんでした。あったのは

「THE GLASS」の模型だけ。店を持てることが決まったときは、オープンまで一年しかなく、まだ二アイテムでした。

普通は、商品が二つ、三つしかないような状態で店舗を持つなんて判断はありえません。お店を出したところで並べる商品がないのですから。けれども、「ＴＨＥ」を成立させるためには、どうしても序盤からお店が必要だったのです。

そうしてできたお店が、東京駅前の商業施設「ＫＩＴＴＥ」内にある「THE SHOP」です。オリジナル商品は七アイテムでオープンし、約二年半後にやっと三〇アイテムに届きました。

お店があるからこそ、ある程度の売上げを確保できます。おかげで、さらなる商品開発も進めていくことができています。この布石の早さはとても重要なポイントでした。店舗をつくる判断をしていなかったら、「ＴＨＥ」はグラスだけで終わっていたかもしれません。

初めから店舗を持つという難しい決断をできたのは、これまで私自身が経験によって培ってきたデザインリテラシーによるところが大きいと感じます。

そういう意味では、デザイナーばかりがクリエイティブだと思われがちですが、実は経営もクリエイティブな作業なのです。ロジック一〇〇％の経営は案外うまくいかない。それが、デザインリテラシーがないということだと思います。

私自身は七、八割がロジック、残りの二、三割がクリエイティブだという自己評価です。逆に、デザイナーである水野さんも一〇割すべてがクリエイティブなのではなく、非常にロジカルな部分を持ち合わせている。

「THE」という会社は、まだまだ立ち上がったばかりで道半ばではあるものの、今のところ結果を出すことができているのは、経営とデザインの両者がバランスよく組み合わさり、信頼関係を築けていることが大きな要因だと思います。

自画自賛になってしまいますが、これは非常に珍しいことです。デザイナー主導のブランドでは、どうしてもデザインの視点に偏りがちだからです。

このバランスを実現するためには、経営とデザインの双方が互いに接点にたどり着くためにはどうすればいいかを考えなければなりません。その接点は会社ごとに異なるでしょうから、それを見極めることがデザインマネジメントの役割になります。

私の仕事においても、「THE」での仕事のように経営リテラシーのあるデザイナーと組む場合には、ある程度一任してしまいますし、そうでない場合には、経営目線からかなり口を出すこともあります。

すなわち、ロジカルな部分とクリエイティブな部分を個人においても、組織においても組み合わせることが、デザインマネジメントにとって非常に大切なことなのです。

思い込みを排除する

デザインマネジメントをしていくうえでは、思い込みを排除することが大切です。無意識の思い込みがデザインの幅を狭めていることが多いからです。

以前、中川政七商店の三〇〇周年記念プロジェクトのショッピングバッグのデザインを水野さんにお願いしました。従来使用していた縦長の形でお願いしていたのですが、水野さんから出てきたデザインはなんと横長でした。

担当者は「これは横長なので無理です」と返そうとしましたが、私は「水野さんが言うからには何か意味があるはずだ」とその意図を理解するように促しました。水野さんの意図は、会社のロゴマークは横長なので、ショッピングバッグも横長にしたほうがロゴを大きく打ち出せるというものでした。

私はなんとなく底が深ければ中身がこぼれなさそうで安心だと思っていましたが、「縦長にして入れなければならない商品は実はそんなにないのでは。横にしてこぼれてしまうものだったらそもそも紙袋に入れないはず」というのが水野さんの意見でした。

装飾的なデザインのために機能面で我慢しなければならないというのなら別ですが、そうでないなら問題はありません。障害は、私たちの「これまで縦長を使ってきたのだから、これからも縦型だ」という思い込みだけだったのです。

デザインをしていくうえで、趣味嗜好をフラットにするだけではなく、思い込みを排除して思考をフラットにすることも大切です。私は「そもそもこれって必要なの？」「そもそもここにこだわらなくていいのでは？」など「そもそも論」をよく言っています。

「THE TOWEL」もそうでした。当初は、高級な糸を使って柔らかくて吸水性のある最高に気持ちがいいタオルをつくろうという話でした。しかし、何度試作しても、全員が「いいね」と言うものがありませんでした。

ここにも「ベストは一つである」という思い込みがあったのです。検討を重ねているうちに、理想のタオルの姿は女性と男性で大きく異なることに気がつきました。そこで、男女別に二種類のタオルをつくることにしたのです。

私がコンサルティングをした「庖丁《ほうちょう》工房タダフサ」のパン切り庖丁も、思い込みを脱することでできあがった商品でした。

みなさんは「パン切り包丁」というと、波形の刃を思い浮かべないでしょうか？しかし、タダフサでは九〇〇種類の包丁があったにもかかわらず、パン切り包丁がなかったのです。尋ねると、パンを普通の包丁で切っていると言うのです。

いわゆるパン切り包丁の波刃は、あの形にするために、よく見ると刃先が丸くなっているそうです。つまり正確には「刃がついていない」ので、切るとパン屑《くず》がぼろぼろとたくさん出るわけです。一方で、食パンを普通の包丁で切ってみるとパン屑が出

THE TOWEL

ません。職人さんに言わせると、「刃がついている」のだから切れるのは当たり前でしょうということです。

では、なぜ波形かというと、普通の刃では、最初に切り込みを入れる際につぶれてしまうからです。波形だと切り込みを入れやすいのです。そういうわけで、タダフサのパン切り包丁は、先端だけ波刃にして、あとはまっすぐの刃という姿になりました。

私はもともと思い込みを疑うタイプです。大学入学時にサッカーサークルに入ろうと思いましたが、私はお酒が呑めません。しかし、サークルに入ると間違いなく呑まされます。それが嫌で自分でサッカーサークルをつくりました。

既存のサークルという限られた選択肢の中でどのサークルが呑まされないかと選ぶのではなく、自分でつくり出してしまう。この思考回路は商品開発において生きているような気がします。

こうした私の発想を、水野さんは「とんち脳」と呼んでいます。とんち脳は、実はクリエイティビティとイコールです。クリエイティブと言えば格好よさそうですが、とんち脳は若干格好悪い（笑）。でも、本質は一緒で、デザイナーと経営者とは同じ土俵にいます。両者は似たような思考回路をしているように思います。

デザイナーにも打率を求める

先に、デザイナーを特別視せずに対等な関係を結ぶべきだという話をしました。しかし、実際はそうではないことが多い。それを解消するためには、極端なことをいえばデザイナーに「打率」を求めるくらいのことをしてもいいのではないかと思います。

つまり、そのデザインは本当に目的を達したのかを検証し、デザイナー一人ひとりの成功率を可視化するということです。

デザイナーが「自分の関わった商品が売れた」と言っても、それは本当にデザインの成果なのでしょうか。一万個売れてヒットした商品というのが、本来は五万個売れなければ採算の取れなかったものかもしれません。

これはデザイナーだけの責任ではありません。企業の側もそのデザインが販売にどれだけ貢献すべきなのか、目に見える目標を立てることを滅多にしません。その理由は、繰り返し述べているように「デザインのことは分からない」という苦手意識があるからです。

もちろん、売上げだけが指標ではありませんが、少なくともそのデザインが何を目的としているのかをあらかじめ決めたうえで、それが達成されたのかを測る仕組みをつくらなければ、デザインの評価は永久にブラックボックスのままです。

こうした現象は、いわゆるメーカーだけでなくさまざまな業界で見られます。ある出版社の編集長が「私たちは見たこともないようなかっこいい本をつくる。売れるか売れないかなんて知ったことではない。それは営業がやることだ」と言っていたそうです。芸術家であれば、自分が良いと思うものをつくっているだけでも許されるかもしれませんが、商業デザイナーである以上は、デザインしただけで終わりではないはずです。

ここには現状の料金システムの問題もあるかもしれません。通常、デザイナーはデザインするだけで報酬をもらえるので、ある意味で結果に責任を持つ必要がないからです。

もちろん、結果が悪ければ次のオファーが来なくなるでしょうが、現状は結果があまり検証されていない。では、企業の人たちは何を根拠にデザイナーを選ぶかというと、知名度に頼るくらいしかないわけです。

これは、デザイナーにとっても望ましくない悪循環を生み出します。企業の人たちは、何となく選んだデザイナーに高いお金を払ったけれども売上げが伸びなかったと感じて、デザイナーに対して悪い印象を持ってしまいます。

一方で、売れるデザインをつくることのできるデザイナーを自分で見つけ出すこともできないので、そういうデザイナーに正当な評価がされることがなくなってしまいます。

個々のデザイナーの成績を見ることができるようになれば、企業の選択肢の幅も広がります。外してはいけない商品は打率の高いデザイナーに、ここ一番の勝負では打率は低くても大ホームランを打つことがあるデザイナーに、といった具合です。

そのようにして、デザイナーの特性に合わせて仕事を依頼するといったこともデザインマネジメントの役割です。

最後に、本章でお話ししたポイントをまとめておきましょう。デザインマネジメントに必要な条件は、次の五つになります。

①デザインの知識を増やす（見て考える）
②自分の趣味嗜好がどこに位置しているかを知る
③デザインそのものに口出ししない

④デザインの目的を明確にする
⑤思い込みを疑う

まず、できるだけ多くのデザインを見て、考えることでデザインのリテラシーを上げることです。その際に、主観的な感覚に頼るのではなく世の中の平均値がどこにあるのかを知って、そこから見てみることが重要です。

そうしたうえで、デザイナーに任せる部分は任せる。素人の目線からの指摘はしても、デザインそのものに口出しをしてはいけません。その任せる範囲を決めるのがデザインマネジメントですが、そこで必要となるのがデザインの目的を明確にすることと、思い込みを疑ってフラットな視点から判断することなのです。

あとがき

本書では、商品開発の過程で起こりがちな「デザイン」への誤解について触れたうえで、「ＴＨＥ」のプロジェクトを通して「本当に欲しいもの」、長く愛され、長く売れ続ける「定番商品」を生み出すために必要なことは何なのかということを、四人のメンバーそれぞれの視点で説明してきました。

私たちＴＨＥ株式会社のビジョンは、「世の中の定番と呼ばれるモノの基準値を引き上げる」ことです。

そのために、自分たちが「ＴＨＥ」と思える商品をつくることや、「これこそは」と思える世の中の定番品をセレクトし販売すること、すでに定番と呼べるようなブランドや商品とのコラボレーションを生み出すことに注力してきました。メンバー四人が月に二回、必ず全員で顔を合わせて打ち合わせをし、試行錯誤を重ねてきた四年間。たくさんの方々のご協力のおかげで、今では開発した商品もお店も売上げ好調です。

海外からも、商品を扱いたいというお店からのお問い合わせや、商品を買いたいという方からのメールがたくさん届くようになってきました。

少しずつですが、世の中に「ＴＨＥ」という考え方が広がっているのを感じます。


ここ数年、モノや消費に対する価値観が大きくシフトしていることを、第1章で述べました。それに呼応するように、「ＴＨＥ」も設立当初と比べて、世の中における立ち位置が少し変わってきています。

実は「ＴＨＥ」では、商品開発をメインとした「請負のコンサルティング」の実績がいくつかあります。メーカーやブランドから相談をいただき、四人のメンバーの知識や感覚を総動員しながら「未来の定番品（定番ブランド）」をつくりだす、コンサルティング事業です。設立から数年が経ち、この商品開発コンサルティングを求められる事例が少しずつ増えてきました。

第6章で触れている、デザインやコンサルティングの料金システムの矛盾を改善すべく、初期費用がかからない成果報酬型の仕組みを作り、企業からの依頼を幅広く受け付けています。これは、自分たちでブランドやお店を運営しているからこそできる仕組みです。

「ＴＨＥ」というブランドをつくったことも、「THE SHOP」の店舗運営も、商品開発コンサルティングも、すべて「世の中の定番と呼ばれるモノの基準値を引き上げる」ために行なっていることです。

数十年後、数百年後の世の中に、「日本発」の定番商品が溢れ、未来の生活に貢献することを目指して。

最後になりましたが、本書の執筆にあたり、祥伝社の高田秀樹さんと編集協力の柏木智帆さんには大変お世話になりました。この場を借りて御礼申し上げます。

また、本書にご登場いただいたメーカーや企業の皆様、装丁を担当してくださったgood design companyの皆さん、ＴＨＥ株式会社のスタッフのみんなにも、心から感謝申し上げます。

この本を手に取ってくださった皆様にとって、そしてこれからの時代のものづくりにとって、本書が新しい定番品を生み出す一助になれば幸いです。
私たち「ＴＨＥ」も、長く愛され、長く売れ続ける定番商品をより多くつくること
を目指して、日々努力して参ります。

二〇一六年一月

ＴＨＥ株式会社　米津　雄介

デザインの誤解《ごかい》
——いま求められている「定番」をつくる仕組み

水野《みずの》 学《まなぶ》　中川《なかがわ》 淳《じゅん》　鈴木啓太《すずきけいた》　米津雄介《よねつゆうすけ》

2016年2月10日　初版第1刷発行

発行者……………辻 浩明
発行所……………祥伝社《しょうでんしゃ》
〒101-8701　東京都千代田区神田神保町3-3
電話　03(3265)2081(販売部)
電話　03(3265)2310(編集部)
電話　03(3265)3622(業務部)
ホームページ　http://www.shodensha.co.jp/

印刷所……………萩原印刷
製本所……………ナショナル製本

Printed in Japan　ISBN978-4-396-11446-6　C0234

〈祥伝社新書〉
仕事に効く一冊

095
デッドライン仕事術
すべての仕事に「締切日」を入れよ
仕事の超効率化は、「残業ゼロ」宣言から始まる！
元トリンプ社長 吉《よし》越《こし》浩一郎

207
ドラッカー流 最強の勉強法
「経営の神様」が実践した知的生産の技術とは
ノンフィクション・ライター 中野 明

306
リーダーシップ3.0
カリスマから支援者へ
強いカリスマはもう不要。これからの時代に求められるリーダーとは
慶応大学SFC研究所上席所員 小杉俊哉

394
ロボット革命
なぜグーグルとアマゾンが投資するのか
人間の仕事はロボットに奪われるのか？ 現場から見える未来の姿
大阪工業大学教授 本田幸夫

412
逆転のメソッド
箱根駅伝もビジネスも一緒です
箱根駅伝連覇！ ビジネスでの営業手法を応用したその指導法を紹介
青山学院大陸上競技部監督 原 晋